读书

文丛

汤

双

三汤对话

三联书店

图书在版编目（CIP）数据

三汤对话／汤双著．—北京：生活·读书·新知三联书店，
2016.11
（读书文丛）
ISBN 978 - 7 - 108 - 05475 - 3

Ⅰ．①三… Ⅱ．①汤… Ⅲ．①哲学－研究
Ⅳ．① B0

中国版本图书馆 CIP 数据核字（2015）第 216285 号

责任编辑　卫　纯
装帧设计　薛　宇
责任印制　宋　家
出版发行　**生活·讀書·新知** 三联书店
　　　　　（北京市东城区美术馆东街 22 号 100010）
网　　址　www.sdxjpc.com
经　　销　新华书店
印　　刷　河北鹏润印刷有限公司
版　　次　2016 年 11 月北京第 1 版
　　　　　2016 年 11 月北京第 1 次印刷
开　　本　850 毫米 × 1100 毫米　1/32　印张 8.25
字　　数　156 千字　图 35 幅
印　　数　0,001 - 5,000 册
定　　价　33.00 元
（印装查询：01064002715；邮购查询：01084010542）

三汤合影

目　录

2

三汤对话

　　"三碗汤"是我夫人给我们家祖孙三代三个姓汤之人起的别号。这"三碗汤"尽管各自所学很不一样，但相互之间时常会讨论一些颇为有趣的"大"问题。我母亲是最经常的听众，她觉得其中有些讨论挺有意思，值得把它们的内容记录下来，于是就有了这个"三碗汤的对话"。这些对话只是茶余饭后的闲聊，大多是些天马行空的随意所想，而非基于什么成熟的理论。我们是姑妄说之，大家且姑妄读之，切莫太过认真。

　　老汤是学哲学的，专于中国哲学史，对儒、释、道均有研究，是北京大学哲学系的资深教授。我学的是理论物理，先是在中国科技大学近代物理系读本科，后在纽约州立大学石溪分校获得博士学位。小汤则毕业于芝加哥大学生物系，目前正在布朗大学攻读生物统计专业的博士学位。"三碗汤"不光所学的专业不同，所受的教育模式也很不一样。老汤虽然多次到美、日和欧洲的很多国家进行过学术交流和讲学，但受的基本上还应算是中国式的教育；我是一半中式、一半美式；小汤所受则是典型的美式精英教育。因此三人间的对话不仅跨学科，多少也有点跨文化的意味。

在"三碗汤"分别所属的三个学科里，哲学的历史最为悠久，可以说是绝大多数科学的起源。在人类文明发展的过程中，不少哲学家本身就是科学家（当然反过来说也成），哲学与物理学和生物学经常纠缠在一起，比如进化论、相对论和量子力学都对哲学发生过巨大的影响。

物理学是20世纪最为辉煌的科学分支，虽然现在已经过了它的黄金时代，但仍然是很多学科（像化学、分子生物学、材料科学等许多应用科学）的基石。同时物理学在研究宇宙起源、物质结构等方面的进展，以及多重宇宙、平行宇宙之类新概念的提出，也使整个认识论正在发生着深刻的变化。

随着基因研究的飞速发展，生物学正跨入它的鼎盛时期。就像20世纪的物理学一样，近几十年来生物学中的重大突破一个接着一个。可以毫不夸张地说，生物学是21世纪最重要的学科。基因工程等生物学分支具有潜力无穷的应用前景，使人类的不少梦想（比如延年益寿、返老还童）可能成真，但它们又可能引发很多伦理道德方面的社会问题，从而给哲学提出新的难题。

对话之一：人工智能与大脑复制

我：今年是艾伦·图灵年（注：当时是2012年。为纪念图灵诞生 100 周年，图灵 100 周年纪念咨询委员会将该年命名为艾伦·图灵年）。图灵这个人对计算机科学的影响非常大，被不少人尊为计算机科学和人工智能之父。他在 1950 年提出的图灵测试现在每年都会进行一次，而且成了计算机界的一项有趣比赛。

小汤：娄布诺奖（Loebner Prize）？

我：对。

老汤：图灵测试是干什么的？

我：图灵测试是图灵建议进行的一种实验，为的是试图回答人工智能研究中一个最根本的问题：机器是否能思维？测试由一组裁判利用计算机终端来提问，计算机分别与两个看不见的答问者相连，其中一个是人，另一个是利用人工智能设计的会话计算机程序，俗称聊天机器人（chatbot）。裁判们通过 5 分钟的问答来投票判定哪个是真实的人，哪个是聊天机器人。图灵曾经预言，到 2000 年，30% 的裁判会被聊天机器人所蒙骗，从而做出错误的判断。他认为果真如此，我们就可以说机器是可以思考的。在每年举办一次的图灵测试中，能骗过最多裁判的聊天机器人会被授予"最人类的计算机"奖，也就是娄布诺奖。不过图灵的预言并没能实现，最接近的一次是在 2008 年，离 30% 只差一票。每年的图灵测试的结果，并不必然会随着人工智能的进步而逐年提高。这是因为作为聊天机器人对手的真人也会不断提高自身回答问题的技巧，使得裁判们更容易辨认出他们才是真实的人。

小汤：由此说来，图灵测试就是人与人工智能的博弈。一方面是用人工智能的方法使聊天机器人能更好地伪装成人；另一方面是人想方设法证明自己才是真实的人。

老汤：这项博弈实际上还是围绕着几千年来哲学上的一个古老命题：怎样定义人自身。古希腊的哲学家们感兴趣的是如何区分人与动植物。比如亚里士多德认为存在有三种灵魂：第一种是"营养性"的，源于生物滋养和生长，为动植物与人所共有；第二种是"欲求性"的，源于运动，只为动物与人所有；第三种是"理性的"，为人所独有。其最关键的特性是**灵魂是行为的结果而不是行为的起因**。也可以说亚里士多德是用行为上的能力来区分人和草、木、禽、兽。这与图灵测试似乎有相通之处，图灵提出的正是以机器的行为来判定它是否能思考。与亚里士多德不同，笛卡儿不但认为灵魂只有一种并仅为人所独有，而且自我以至整个世界的存在不是取决于感觉、认知、体验等等，而是取决于思维。从而有了那句名言："我思故我在。"

我：人工智能对哲学的一项重大挑战正是在这方面，如果有一天机器具有思维的能力，那到底如何定义人、如何定义自我？当然，思维的定义也许不像图灵提出的那么简单，比如笛卡儿的"思"应该是更广义的，不单单只涵盖逻辑思维和分析。但只要有明确的定义和标准，随着科学技术的不断发展，总是有可能实现的。计算机及人工智能的出现，使哲学家们不但要区分人与动植物，还需要区分人与越来越智能化的机器。计算机的出现使我们不得不开始重新认识人类的特质。一些以前被认为是人类所独有的能力，像逻辑推理、分类归纳恰恰成了计算机的强项。而有些本不为人特别重视的能力，像漫无边际的闲聊和写作这类需要一定想象力或创造性的行为却是计算机所望尘莫及的。这样看来，人类对自身的定义也许不再能仅用一两种能力来界定，而是需要一个综合且多元的组合。

老汤：中国先秦哲学家荀子说过："水火有气而无生，草木有生而无知，禽兽有知而无义；人有气、有生、有知，亦且有义，故最为天下贵也。力不若牛，走不若马，而牛马为用，何也？曰：人能群（群在这里指组织群体行为），彼不能群也。人何以能群？曰：分。分何以能行？曰：义。故义以分则和，和则一，一则多力，多力则强，强则胜物。"我认为，西方哲学和中国哲学有很大的不同。亚里士多德讲的三种灵魂说，近于科学，或者常识。而荀子讲的是"人"与水火、草木、禽兽的根本性的不同，归根结底要讲的是"人"是社会功能的，正因为人有组成群体的能力，由此引申出"人"是可以战胜一切困难的群体。但是，荀子同时又讲到，"人"和"水火"、"草木"、"禽兽"一样都是"有气的"，即是说，其存在都在于有"气"，就这点说它与亚里士多德的三种灵魂说又有相似处，因为照亚里士多德看"营养性"的"源于生物滋养和生长，为动植物与人所共有的"，因此可以说第一种"灵魂"为人、动植物共有的。但是，中国的"气"是非常复杂的，而且有各种说法：如庄子认为，人的生死是"气之聚"和"气之散"，当然一切事物的存毁都是"气之聚散"，《管子》把"气"分为两种，一个物质的（如"人的身体"），这叫"形气"；另外一种是指人的精神（或相略当于"灵魂"），这叫"精气"。这两种"气"聚合在一起才能成为活生生的人。人生在世，得负起做人的职责。孟子甚至把人的"正（正义）气"称为"浩然之气"，而"浩然之气"如何养成？是"集义所生"，是在不断地积聚人修养"正义"的内在精神，还要求在日常生活中体现出这种内在精神，这就和人的道德修养有关了。此后，在汉朝，大体认为人的"身体"为"形气"构成；而人的"精神"（或"灵魂"）是由"精气"或"灵气"构成，两者结合在一起才成为有生命的人，有生命的人之所以成为"真正的人"，是要看他能把其修养的"浩然之气"实现在人生历程之中，这当然又与道德修养有关。如果说"亚里士多德是用行为上的能力来区别人和草、木、禽、兽，这与图灵测试似乎有相同之处"，那么，中国先秦至两汉禀受"气"的不同来区别"人"和水、火、草、木、禽、兽的区别，而"人"和其他的、水、火、草、木、禽、兽的不同在于人有"道德"，而且其道德修养应见之于其社会实践，要齐家、治国、平天下。这可能无法与图灵测试有相似处吧！因此，"中国人"要真正深刻理解西方哲学不大容易，同样"西方人"要真正深刻理解中国哲学同样不大容易。

小汤：其实人作为个体的存在性和定义不光受到来

自人工智能方面的挑战，同时也受到来自生物学和医学方面的挑战。多年前，判定人的生死是以心跳是否停止为准。但如今心脏都可以移植，心跳与否自然不能再用来当准则，所以医院目前是以脑死与否来判定生死。然而随着基因研究的不断深入，生物学和医学的发展日新月异，很多过去不可思议的事都一件接一件地发生了，各种器官移植早已不是什么新鲜事。特别是干细胞研究的突飞猛进，在不久的将来实现自体器官的再生也不是不可能。这就产生了一个问题，当一个人身上的零部件全部换过一遍之后，他还是不是"他"？换句话说，我们到底如何定义自我？粗看起来，身上的什么部件都可以换，但是脑子不能换。换了脑子，你就不是"你"，我也不是"我"了。这似乎意味着，除了大脑，我们身上的所有器官、肢体等等都仅属于"我的"的范畴，唯独大脑才真正属于"我"。

我：严格说来，大脑不过是个信息存储器，只有那些存在里面的信息才真正定义了你、我、他。然而，存储于大脑神经元里的信息与存储于计算机里的信息并没有什么实质性的不同，所以从理论上讲也是可以复制的。假如有一天我们能将某人大脑里存储的全部信息复制下来，存入一个应用未来的基因工程技术制造出的空白大脑，这岂不意味着复制了一个人吗？

老汤：即使真能做到了所有这些，大概也并没有真正复制出同一个人。因为人的思维是不停顿的、瞬息万变的，而且还可以是跳跃式的。而复制信息却需要一定的时间，不可能在瞬间完成。在复制的过程中，脑子里的信息就又发生了变化，所以我们复制的仅是"过去"的全部信息，产生的是一个与某人在某一时刻具有相同思维"背景"的新人，而并非复制了那个人。

小汤：这应该就是自由意志论吧？

老汤：可以这么说。

我：信奉决定论的人未必会同意这种说法。从决定论的角度看，一个人在"下一刻"的思维是由他脑子里存在的信息与周边的环境所决定的。理论上说，如果在复制的过程中将环境的因素也一并考虑进去，还是有可能复制出同一个人的。这就像一个物理系统，如果初始条件和边界条件都是完全确定的，它在任何时候的状态也就完全确定了。

小汤：恐怕没这么简单。我们对人脑思维模式的了解还并不透彻，很难说下一刻的思维是否完全取决于大脑的现状与周边的环境。

我：用生物学的方法复制大脑离实现还遥远得很。不过，用计算机模拟来建构一个数字大脑的尝试若干年前就开始了，这可能才是目前真正值得注意的、比较现实的研究方向。瑞士有个"蓝脑"工程（Blue Brain Project），"蓝脑"是在分子层级上对大脑进行模拟，2011年他们已经造出了约有100万个细胞的模拟老鼠大脑。预计到2014年就可以达到1亿个神经元，从而模拟整个老鼠大脑。他们的野心是在2023年完成对整个人脑的模拟。最近哈佛大学有人对线虫进行全面的模拟。线虫的大脑只有

300 个神经元，比较简单。他们的数字线虫不但有大脑，还有受大脑控制的躯体，并且"生活"在精心打造的虚拟环境中。它可以做真实线虫所能做的各种事情，比如可以"觅食"、"消化"、逃避天敌和"繁殖"等等，是个非常有意思的实验。

老汤：用计算机模拟一个与"我"完全相同的"我"是根本不可能的，因为在用计算机模拟时，"我"对此是排斥的，会有意无意地制造使计算机得跟着不同的变化。它永远追不上这个"我"的思维的变化，永远是计算机在追"我"的变化，如"我"的变化是无休止的。在这中间不仅有时间差，可能空间也会有变化。因此，我认为只能制造一个极为相似的人，但这个人只是"幻化人"，正如僧肇在《不真空论》中引《放光般若经》所说："譬如幻化人，非无幻化人，幻化人非真人也。"如果说"幻化人"从各方面（身体的、思维的、精神的等等）说与真人都一样，但它们在性质上却不一样。"幻化人"毕竟不是"真人"。

我：这个问题很大，它牵涉到我们存在的世界到底是真实的抑或是虚拟的？

小汤：如果说，我们这个世界就是一个模拟世界，那么是否还有"幻化人"与"真人"的区别呢？

我：老汤身体不好，"模拟世界"的问题还是留待下回分解吧。

小汤：《不真空论》有英文版吗？

老汤：应该有英译本，我去帮你找一下。你们看看之后，我们下次再议。

对话之二：佛教与虚拟世界

我（对小汤）：奶奶前些时候给我发了好几封电邮，都是关于世界末日的，还附有几篇提供"科学依据"的"权威人士"的文章。我看了两篇，所谓的"科学依据"真是让人笑掉大牙，纯粹是在糊弄人。其中一个最常出现的论点是"九星连珠"，也就是太阳系的八大行星与太阳处于一条直线上；另一说法则是地球、太阳与某巨型星系连成一线。总之是当地球、太阳与其他星体间的相对位置形成某种特定排列时，会导致引力大异，地球运行轨道变迁，使生物无法继续生存。我对几个相关星体间的引力做了个简单的估算：太阳对地球的影响当然是最大的。其次是月亮，约为太阳的两百分之一。太阳系中的其他行星，比如火星，对地球的影响不过是月亮的五千分之一，七颗行星加在一起的总影响也就约为月亮的千分之一的样子。其他星系或银河系的核心尽管质量巨大，但由于距离过于遥远，影响就更微不足道了。所以无论什么星体与地球怎样连成一线，其效应都远远不及太阳和月亮的影响。

小汤：世界末日的说法其实早就有，基督教、犹太教和伊斯兰教等宗教里都有世界末日。比如在基督教里，据说人死之后并不直接上天堂或下地狱，而是处于不上不下的状态。直到"世界末日"来临，耶稣和他的"对头"一起重返人间，所有已死之人都会从坟墓中出来，进行正邪之间的最后一战。大战结束后，好人升天堂，坏人入地狱。

老汤：佛教和道教里都没有世界末日一说。

小汤：佛教与其他几大宗教好像很不一样。基督教、伊斯兰教这些宗教是让人盲目信奉，而佛教是让人自己领悟，等于是在提倡通过独立思考以寻找成佛的途径。

老汤：我的父亲对佛教史有很深入的研究，他就指出过："佛教既非纯粹的哲学，也非普通的宗教。"

我：佛教想让人悟出的"道"，似乎就是我们生存的世界是一个真实存在的虚幻世界。

小汤：真实存在的虚幻世界不就相当于在计算机里运行的模拟世界吗？

老汤：这个说法有点意思。僧肇在《不真空论》中说过"譬如幻化人，非无幻化人，幻化人非真人也"。这个幻化人就有点像模拟世界里的人。它不是真人，因为它所处的世界只是个模拟世界。但它又是存在的，因为模拟世界尽管是虚拟的，却终究是存在的，比如存在于计算机里。

我：没准我们实际上就是在某个极高等的"生物"所设计的模拟世界里呢？当然它用的不一定是我们概念中的计算机。

小汤：要是我想证实或者证伪咱们的世界是个模拟世界，如果有功能极其强大的计算机，与其自己冥思苦想，倒不如在计算机上搞个模拟世界，让里面的"人"帮我一起想。如果我们换位思考，试想某个极高等的"生物"如果想证实或者证伪"它们"自己的世界是个模拟世界，于是就创造了一个模拟世界——也就是我们生活的世界，让里面的人去想法证实或者证伪他们所处的世界是个模拟世界，然后把他们得到的结论为"它"所用。

我：这种模拟世界的"计算机程序"的结构其实大体上是可以想象出来的。首先我们定义这个模拟世界里有 N 个个体，N 可以是个很大的数，每个个体都处于两个基本的循环中：第一层循环相当于佛教所说的轮回（且称之为"轮回循环"）。"轮回循环"的每一次循环相当于该个体的一次"生命"，一个新循环开始时需要给定一些初始值，比如设定该个体这次是人（或狗、或猫、或其他什么东西）等等。"轮回循环"里嵌套着第二层循环——"生命循环"，整个生命循环相当于该个体的一生，死亡则标志着该次生命循环的终结，同时亦是轮回循环中下一个新循环的开始。轮回循环只有在一种条件下可以打破：该个体发现了一种办法能够证实它所处的世界是个模拟世界——这正是建立这个模拟世界"程序"所寻求的一个"解"，因而这个个体的轮回循环就可以结束并输出找到的这个"解"。找到"解"就能打破轮回循环，也就是佛教说的"涅槃"——成佛，从而跳出轮回。这个"程序"的难点在于每个个体都需要具有能自我发展"智能"以及如何建立个体与模拟世界之间的相互关联，包括模拟世界对个体的影响、个体对模拟世界发展的影响等等。

小汤：沿着这条思路，佛经里反复讲一切皆"空"，或者说都是虚幻，这不就是想引导人们去寻求证实世界是一个模拟世界的途径吗？由此我们也可以将"成佛"解释为找到了一条证实世界是一个模拟世界的途径。证实世界是虚幻的，是否从一开始就是佛教的终极目标之一？

老汤："证实世界是虚幻的"这一命题，严格说是一个宇宙观的问题。而释迦牟尼最初想解决的其实是人生观的问题。他是想通过论证现实世界的不真实性，使人们能从生、老、病、死等"八苦"中解脱出来。认识到"五蕴皆空"是为了达到"度一切苦厄"的目的，所以不能把"证实世界是虚幻的"说成是佛教的终极目标之一。释迦牟尼的弟子们后来把他的思想发展成为佛教，作为一个宗教，则必须回答宇宙观的问题。在佛教里，"空"并不等于什么都没有的"零"。若等于"零"就成为断灭空，不起任何作用，不能出现任何现象。"空"有点接近于金岳霖解老子的"道"时说的"不存在而有"（non-existence but being）。

小汤："不存在而有"和世界是个模拟世界的说法也有相通之处。模拟世界不是真实的世界，所以它并不真的不存在。但即使作为一个模拟程序，它又确实存在于某个"计算机"里，所以还是"有"的。

老汤：佛教分很多派别，其中有两大派：一为空宗，一为有宗。讨论"空"的问题主要是"般若学"，但其后起的"涅槃学"提出，如果"一切皆空"，那么"成佛"

有什么根据？于是"涅槃学"提出"佛性"问题，认为"人人皆有佛性"，这可能产生"佛性"是不是"空"，如"佛性"为"空"那么成佛有无可能，有无意义？至于佛教是不是一种科学，这个问题就更大，我们可以搁置以后再论吧！我想，我们还是回到扣住主题，讨论"虚拟世界"的问题吧！我记得苏东坡有两句诗"不识庐山真面目，只缘身在此山中"。我们是否可以有两个假设：一是"上帝创造世界"；另一是某个我们这个世界之外的"电脑高手"，在他的电脑中制造我们这个世界。在"上帝创造世界"这一问题上也可以有两种可能的假设：一是上帝创造的是一个实体世界；另一是上帝创造的是一个"虚拟世界"，如果上帝创造的是实体世界，那么在这个世界中的个体只能认为这个世界是一个"真实的世界"，因为他们的认识不能超越上帝所设定的范围。但如果上帝创造的是"虚拟世界"，或我们这个世界之外的"电脑高手"在他的电脑中创造了我们这个世界——这当然也是"虚拟世界"，那么情况就不同了。上帝或"电脑高手"是不在这个世界之中的，他们知道他们创造的是个"虚拟世界"，因为他们身不在此山中，而在他们建造的"虚拟世界"中的任何个体都只能认为他们是在一个实存世界之中（除非他是在想入非非），这是因为他们"只缘身在此山中"。这里或者涉及"实存的世界"和"认识的世界"问题。对这个问题，王阳明和他朋友的对话也许很有意思。《传习录下》中有这样一段记载："先生游南镇，一友指岩中花树问：'天下无心外之物，如此花树在山中自开自落，与我心中亦何相关？'先生说：'你未见此花树时，此花与汝同归于寂；你来看此花时，则此花颜色明白起来，便知花不在你的心外。'"现在常常有人批评王阳明的"心外无物"，说他否认花树的"客观存在"。其实王阳明这里并不是要讨论"花树"的客观存在与否，而是要讨论"花树"与"人心"之间的意义问题。在"人心"没有观照到这"花树"（一些实体之物）之时，这"花树"对"人"说是无意义的；只有在"人心"观照了"花树"，"花树"的意义才能得以显现。这个讨论无疑也涉及"实体的世界"与"认识的世界"的关系问题。而且这个"实体的世界"也可能就本质上说不过也是"虚幻"的。现在，西方的现象学也讨论了"客体"和"主体"的关系问题，他们也许认为在"客体"与"主体"没有发生关系时，"客体"对"主体"是没有意义的。这是个"意义"的生成问题。因此，我认为讨论"哲学"或"宗教"问题不能简单化。

我：如果我们的世界真的只是一个模拟世界，不少物理学上说不清的东西倒是似乎可以得到某种解释。比如宇宙大爆炸开始的起点，可以说成是模拟世界的"程序"开始运行的那一刻。从超弦理论引出的多重宇宙、平行宇宙等概念也可以解释为多个正在同时运行的模拟"程序"。又比如量子力学里的测不准原理也有自然的解释——任何机器（包括电脑）不论功能多强大，精确度毕竟是有限的。创造我们这个模拟世界的"程序设计师"于是就规定了同时测量距离与速度所能达到的精确度不能超过一个特定的数值——普朗克常数。

老汤：你的这些说法又是些既不能证实也不能证伪的东西。

我：在互联网上有文章提及科学与佛教的关联，其中提到佛教的科学性，还专门举了几个例子。其一例为，佛陀说：一钵清水中有微虫八万四千；另一例为，佛陀提到过有关宇宙结构的三千大千世界。认为前者是对微生物的科学认识，后者则与现代天文学相吻合。我觉得这些都应该只是巧合，就像我们刚才说佛教的目标是要证实世界是个模拟世界一样，是后人强加给前人的。

小汤：我也觉得说佛教里包含现代科学的因素有些牵强。不过如果用现代科学的术语来表述佛教里的不少观念，也许能更容易让我们这个时代的人理解其真意，也更为准确。僧肇在《物不迁论》里用了不少篇幅来论证时间的特性，比如他说"人则谓少壮同体，百龄一质，徒知年往，不觉形随。是以梵志出家，白首而归。邻人见之曰：昔人尚存乎？梵志曰：吾犹昔人，非昔人也"，又说"是以言往不必往，古今常存，以其不动；称去不必去，谓不从今至古，以其不来。不来，故不驰骋于古今，不动，故各性住于一世"等等。用现代术语来说，其实讲的就是时间的绝对性、相对性和不可逆性。

老汤：用现代科学术语来重新诠释佛教里的一些观念，也许值得一试。不过这是件说起来容易做起来难的事。首先既熟知佛学又通晓科学的人才就不好培养，起码相当于得读两个博士学位。

我：等我退休了，如果精力还行，就去研习佛学，也许可以试试做这件事。

对话之三：人类的进化是停止了，还是在加速？

我：前些时候在美国的《探索》（*Discover*）杂志上看到一篇挺有意思的文章，题目是"全速进化"。作者综述了几个大牌学者关于人类进化的看法，他们的基本观点是，近五十年来，由于科学技术的快速发展，人类的进化也正在不断加速，比以往任何时候都快，而且已经越来越接近人类的下一个阶段——Homo evolutus。evolutus 是拉丁文，按照 Juan Enriquez 的说法，Homo evolutus 就是"直接和蓄意地对自身和其他物种之进化进行控制的人类"。他甚至认为我们距离这种新人类的出现，可能仅有一两代之遥。Enriquez 是哈佛商学院生命科学计划的创始人，他的话自有其分量，不可等闲视之。与 Enriquez 持类似观点的有一批人，其中不少是知名的学者。他们大都认为，科学技术可以直接推动人类的进化，尤其是基因科学的进步，使我们有可能对下一代的基因进行某种程度的修改和控制，而且这些方面的进步是呈指数型进展的，也就是说若干年就能翻一番。其中一个最明显的例子是对个人基因谱解码的开销，1990 年是 30 亿美元，到 2012 年已经下降到 1000

美元，预计 10 年之内会进一步大幅降低到 10 美元左右。到那时，个人化、预防性的药物就将成真，人类的寿命肯定会大大延长。这等于是将人类的进化从有史以来的那种缓慢、渐进的模式一下子变成了跳跃的模式。

小汤：用人为的方法修改基因，从而使后代的基因发生不可自然逆转的变化，在一般情况下对人类的发展应该是有利的。不过这与传统意义上的进化是完全不同的。进化论用现代基因学的术语，可以比较精确地表达为：自然界里生物的进化是由**随机**的基因变异和变异之后的**非随机**的自然选择来决定的。这里有两个重点，其一是随机的基因变异，其二是非随机的自然选择。通过基因改造引起的后代的变异，直接违背了这两点。所以这类变异到底算不算进化还是有可商榷的空间的。狗就是一个典型的例子。我们今天能够看到成千上万种的狗——其中有些与它们的祖先狼相比已经面目全非，而且这些变异发生在相对很短的时间里，这全是拜人工选择之赐。狗的异化是否算进化，实在难说得很，起码狗的自然进化早就停止了。我觉得人的自然进化恐怕也已经停止了。按照自然选择的法则，任何无法自食其力者都是应该被自然淘汰的，而我们却想尽办法去救助他们。没有自然选择，何来自然进化？当然，救助弱势群体正是人非禽兽的标志之一。但从纯粹进化的角度看，这显然是反自然的。

老汤：进化论是在清朝末期进入中国的。这其中当然有作为科学的生物进化论，但对当时的社会冲击最大的，却是严复首先引进的斯宾塞的历史进化论。经过本土化后的历史进化论不但冲垮了以儒家思想为代表的中国传统文化，同时也使物质主义、利己主义和功利主义渗透到社会的各个层面，成为无所不在的社会风气。为了生存、竞争，仁、义、礼、智、信等等道德规范全都可以不顾了。从进化论对中国社会的影响来看，其负面作用一直延续至今。这说明将一种好的科学理论无节制地外推到社会学领域并付诸实践是有相当风险的，很值得引以为戒。从中国哲学（特别是道家）上看，人类听其自然地发展才是最好的进化。例如庄子就认为如果保持人的原始状态也许更好。人为干涉越多，社会越乱，对自然的破坏也越大，反而不利于社会和自然界。

我：最近还有报道说英国政府准备在明年正式向国会提出报告，要求立法准许使用父母及捐卵者 DNA 的"三亲疗法"。如果国会能够通过，英国将成为世界上第一个允许基因改造婴儿的国家。"三亲疗法"可以防止一些疾病传给下一代，从而终结多种遗传性疾病。由于这种疗法实际上"修改"了胚胎，所以在社会上争议很大。它一方面可以治病，但同时又打开了通向"订做婴儿"的大门，可能引发许多复杂的社会、伦理问题。

老汤：修改基因短期来看可能对人类有好处，但是从长远看是否有害就不得而知了。人类基因成为今天这个样子，是经过了自然界千挑万选的结果，自有它的和谐之处。人为的改变也许会破坏这种和谐，一时可能没什么，但没准就埋下了毁灭性的种子。另外，这种做法也不符合中国传统的伦理道德价值，特别是儒家讲究家族谱系，"三亲疗法"将彻底打破谱系。

小汤：修改基因是有一定风险的，有可能是在玩火。以今天的技术，我们虽然能对一个人的基因谱进行解码，但对每段基因码之间的相互依赖关系还知之甚少，这种情况在短期内也不可能改变。对某段基因码的修改，从局部看可能没有问题，但如果这段基因码与其他一些基因码有着某种程度的内在关联，比如具有相互制约的功能，那就不能保证不会破坏整体上的和谐，从而留下严重的隐患。

我：退一步讲，即使有一天我们能够保证对某些基因的修改只有好处，没有害处，也还有一个大问题不好解决，那就是下一代的"质量"与父母的财力具有直接的关联。不管用什么方法来修改基因，与看病一样，这总是要花钱的。花钱越多，下一代的基因就越完美。这样一来，有钱人的下一代就会比普通人的下一代更聪明、更漂亮，从而更容易获得成功，变得更有钱，当然就有条件让再下一代变得更完美。人与人之间的差异很快就会变得越来越大。

老汤：从社会学角度看，这是一个非常严重的问题，究竟是有利于社会还是相反很难预知，所以必须十分慎重。除非能满足一个先决条件：全社会的平等——大家都有均等的财富。只有这样，才不会发生严重的、不可逆转的两极分化。即使能做到这一点，这种做法也可能不容于某些文化，因而无法普遍应用。

小汤：从生物学的角度看，问题可能更为严重。正如Enriquez等人认为的那样，人为推动的进化具有加速发展的趋势，因而进化的速度可以是很快的。如果在不同群体之间由于某种原因——比如经济状况而造成进化速度的不平衡，几代下来，差异就可能变得非常之大，甚至大到不同群体成了不同物种。这种人为因素造成的人类分化，其后果是十分可怕的，比一般的种族问题要严重得多。

我：也许没你说得那么严重。由于不同群体之间是可以通婚的，所以在群体之间的差异还没有大到不可收拾的程度之前，差异可能就已经被平均掉了。

小汤：哪有那么简单。很难想象一个经过基因改造的既聪明又漂亮的人，会和一个各方面都比自己逊色很多的人谈情说爱。别忘了我们说的是用基因改造的方法达成的跳跃式的进化，而不是自然选择的渐进、缓慢的进化。

老汤：看来人们是应该开始认真考虑这类问题，未雨绸缪，才能防患于未然。

对话之四：空间、时间与宇宙起源

我：近几年科学界最重大的事件，大概要数在欧洲核子研究组织的大型强子对撞机上证实了希格斯玻色子（Higgs boson，也就是所谓的"上帝粒子"）的存在。其实，在大型强子对撞机上进行的实验里，还有几项是具有同等重要意义的，只不过迄今为止得到的结果是**没有结**

果。其中之一是间接观察是否存在更高维的空间——也就是在我们熟悉的三维空间和一维时间之外，是否还有其他维的空间。目前理论物理中最热门的超弦理论，是建立在十维或十一维空间（包括时间）上的理论，因此如果能证实高维空间的存在，对超弦理论而言，将是一个很大的利多。有些人设想，在极高能量的碰撞下，也许能在瞬间打开通往高维空间的通道，这样有一部分能量就可能会"反常"消失。如果能观测到这种现象，起码间接支持了存在更高维的空间的可能性。遗憾的是，到目前为止，这种能量的"反常"消失一直没有出现过。当然，我们也不能就此断定高维空间不存在，只能说在目前能达到的能量限度内，没有得到超弦理论家们期盼的结果。

小汤：我没学过超弦理论，也很难想象更高维空间是怎么回事。一般而论，人对空间和时间的认识首先与自身的特性，或者说条件有关。我们现在这种生命形式只可能存在于三维空间之中。我小时候看过一本叫 *Flatland* 的书，讲的是二维世界里的故事。书中的主人公是个正方形，挺好玩儿的（注：这本书是英国教师埃德温·艾勃特写的，出版于1884年，中译本叫《平面国》。艾勃特的本意是用这部小说来讽刺维多利亚时代的阶层制度。有意思的是，这本小说更长远的贡献却是对于空间维度的审视。著名科幻作家艾西莫夫认为《平面国》是"引导人们领悟维度概念的最佳入门读物"。这大概是艾勃特本人也没有想到的）。假如真的存在某个二维空间加一维时间的世界，那里面的"人"如果要达到我们这样的智力水平，它们的"个头"就得极为巨大，因为要想把我们大脑里的全部信息存储在一个平面的"存储器"里，所需的面积将非常之大。而且对我们来说，这个二维世界恐怕是不可探测的。因为我们所有的物理观测手段，包括对薄膜和表面的观测，说到底都是三维的。如果不可观测，那么信息的交换也就无法发生，从而能量的交换也应该是不可能的。既然二维世界里的能量不能"跑"到我们的三维世界里，那么我们三维世界里的能量不能"跑"到更高维的世界里去似乎也是很自然的。另一方面，要是存在更高维空间的"世界"，哪怕只多一维，如果里面有"生物"的话，它们的智力一定比我们高出许多，因为那里的一小块"体积"能存储的信息，在我们这里就需要占有极大的空间才行。不过在更高维空间里生命形成的可能性却会大大降低。这是由于空间维数的增加，意味着物体运动的自由度会大幅度增加，从而使两个"小分子"在特定条件下碰撞到一起而形成"大分子"的概率变得微乎其微，而这是无机物向有机物过渡的关键。也就是说，在更高维空间的世界里出现"有机物"的可能性比在我们三维空间的世界里要小得多。没有"有机物"，"生物"当然就更谈不上了。

老汤：空间和时间从根本上来说，涉及的是宇宙观的问题。从而不光是物理学中的基本问题之一，长期以来也一直是哲学上的一个基本问题。在《淮南子》里就有"往古来今谓之宙，四方上下谓之宇"，可见很早以前古人就认识到必须把空间与时间结合起来才能完整地描述宇宙。

往古来今和四方上下都没有确定的范围，应该已经隐含有时空无限的思想。《庄子·庚桑楚》中说："有实而无乎处者，宇也；有长而无本剽者，宙也。"意思是，空间通过实体而体现，但其本身却不能局限于某个具体的范围；时间有长短，然而自身却并非实体。在中国文化当中，宇宙观和认识论是不可分的，所以时空问题同时又是认识论的问题。不管是道家还是佛家都相信宇无极（极限）、宙无限。释迦牟尼认为在人类认识范围的条件下，宇宙的问题是无法解决的，不如去研究可解决的人生的问题。佛教有"三世有"，指一个人有过去、现在和来世，前者不可知，后者亦不可知。佛教的空间观讲"九重天"，"九重天"之外不得而知。道家则认为宇宙无极而人的认识有限，因而很难知道是怎么回事，是不可知的。

我：中国古代哲学的时空观看起来比古希腊哲学的时空观要高明一些，像《庄子·庚桑楚》是用时空的性质来定义时空，而不是囿于具体的实际物体。古希腊哲学中的空间和时间似乎更绝对一些，这种绝对性对西方科学早期的发展影响很大。直到爱因斯坦，他的相对论对经典物理的最大颠覆之一，就是否定了空间、时间的绝对性。按照相对论，两点之间的距离、时钟的快慢都与观测者的速度有关。在广义相对论里，有质量的物质则会使它周围的空间弯曲、时钟变慢。

老汤：我一直觉得我们看到的世界就像演电影，看似连续，实际上是分立的，是一个画面接着一个画面的，只是我们感觉不出来。

小汤：你的意思实际上是说，时间是不连续的。有个英国人（注：Julian Barbour，物理学家、哲学家、科学史学家）写过一本书，叫 *The End of Time*，大概可以译为《时间之终结》，他认为时间只是人的错觉，真正存在的仅是一个又一个分立的瞬间（moment），每个瞬间都有一个特定的，包括宇宙间所有东西的组态（configuration）。当然，一个人在每一个瞬间所能体验（experience）到的，仅是这个瞬间的组态的极小部分。这跟你的想法非常接近，你说的电影画面就是他说的组态。

我：在物理上，有人提出过一种"圈量子引力"理论，它的目的和超弦理论一样，都是为了解决引力量子化这一难题。在这个理论里，空间和时间都是量子化的，也就是分立的。这方面的研究目前还在继续，也取得了一些进展，不过算是非主流。

小汤：如果空间和时间本身都是量子化的，那咱们的世界真可能就是个模拟世界了。在计算机里，空间间隔必定要有一个事先设定的最小单位，所以是格点化的；时间则是处理器每次运算之间的间隔。它们自然都是不连续的。

我：空间和时间与宇宙的起源有着密切的关联。按照宇宙起源的大爆炸理论，宇宙是在大约137亿年从一个密度无穷大的奇点爆发开始形成，这个奇点的空间尺度为零，同时又是时间的起点。大爆炸之后一段极短的时间里，由于能量密度极高，物质间的引力非但不是吸引的，反而是排斥的，宇宙因而会经历一个极速膨胀的短暂过程。此后再进入比较缓慢的膨胀，达到今天的状态。最近有几个澳大利亚物理学家又提出了一种新的大爆炸理论，认为宇宙一开始本来是十维或十一维的，但在大爆炸开始后只有我们所处的三维空间得到了膨胀，其他维的空间则没有，因而也就不可能观测到。这样既解释了为什么我们的空间是三维的，又兼顾了超弦理论对高维空间的需求。

老汤：这个宇宙开始的奇点是客观存在的实体？还是像老子的"道"那样，是不存在而有？抑或就是纯粹的"无"？《易经》云："易有太极，是生两仪。两仪生四象，四象生八卦。"两仪既是天地，也可以说是宇宙。易经的太极是生成宇宙的本源，和你们说的奇点有相似之处。《老子》中则有"天下万物生于有，有生于无"。这里的"无"是不是也有点像大爆炸理论中的那个奇点？如果宇宙真是从一个奇点爆炸出来的，就意味着时间有起点，那么这个起点之前是什么？这个问题在物理学的范畴内也许不可问，但在哲学上却是个无法回避的问题。

小汤：莱布尼茨几百年前就问过一个与此相关的问题："宇宙为什么在它开始的时间开始，而不是在十分钟之后？"他由此得出的结论好像是不可能有绝对的时间。没有绝对的时间，当然也谈不上时间的起点。莱布尼茨甚至认为时间并不是真实存在的，真正有意义的是事件的顺序。

我：莱布尼茨的想法在一定程度上倒是和相对论相一致。爱因斯坦提出过一个非常重要的概念——同时性的相对性：在一个参照系中的两个不同地点同时发生的两个事件，在与这个参照系具有相对运动的观测者看来，是发生在不同时间的。也就是说具有相对运动的不同参照系，是不可能定义出"同时"的。不过因果关系却是绝对的，对任何参照系，因、果都不会被颠倒过来。这等于是说事件的顺序是有绝对意义的。至于时间的起点，这应该算是物理学里一个悬而未决的问题。有一种循环宇宙模型，宇宙由大爆炸开始，经过膨胀、收缩，最后又回到一个点，然后开始新的大爆炸，产生下一个宇宙。循环往复、无头无尾。我们所处的宇宙只不过是这无穷无尽过程中的一小段。这个理论似乎可以避免时间起点的麻烦。

小汤：在这个模型里，空间从无到有、从小到大，再收缩到零，然后开始下一轮的大爆炸。时间却不一样，虽然可以把每次大爆炸的开始规定为那次大爆炸所形成的宇宙的时间起点，但宇宙形成、消失、再形成……是有顺序的，因而存在凌驾于宇宙之上的时间。可是宇宙本身就是空间和时间再加上物质与能量，好像又不应该有宇宙之外的时间。

我：这的确是个问题。到目前为止，物理上并没有一个真正令人满意的理论。大爆炸理论尽管被普遍接受为解释我们这个宇宙生成的合理理论，但关于宇宙是否唯一、宇宙生成之前是怎么回事以及宇宙的归宿等等问题，却有五花八门的理论。塔夫茨大学宇宙学研究所所长维兰金（Vilenkin）花了三十多年时间钻研宇宙起源的问题，他自认为已经找到了答案。按照维兰金的理论，我们的宇宙只是众多宇宙中的一个，而且由于存在所谓的"量子涨落"，在空间膨胀的过程中，新的宇宙还会不断产生。对每个宇宙来说，都有各自开始的时间。

小汤："量子涨落"必须在某个时间发生在某个空间点上，也就是说，必须先有宇宙，才能发生"量子涨落"。这不成了鸡生蛋还是蛋生鸡的问题了吗？维兰金的理论一定会导致存在第一个宇宙，这个宇宙的开始，也就是凌驾于之后产生的各个宇宙的时间之上的"超级时间"的起点。

我：你说的也许没错，按照维兰金的理论，时间确实有起点，而无终点。

老汤：你们讨论的这些理论很难说能不能算是科学理论。科学是需要实证的，而这些理论听起来都是无法验证的。它们充其量只是可以自圆其说的理论，离哲学比较近，离科学反而比较远。另外，还有些更本质的问题是这些理论本身无法回答的。比如对于维兰金的理论，我们可以问，那些宇宙是否各自遵从相同的物理规律？如果是，这些放之四海而皆准的规律又从何而来？如果不是，这些宇宙又怎么会从同一种"量子涨落"的物理机制中产生出来？庄子在《人间世》里说："吾生也有涯，而知也无涯，以有涯随无涯殆已。"我们的生命有限，能了解我们所处的宇宙已经很不容易了，很难想象由这个宇宙中得到的知识可以应用到其他宇宙中去。

我：这些问题恐怕确实不是物理学所能回答的。一些当代哲学家也曾探讨过类似的问题，美国哈佛大学的诺齐克（Nozick）是其中名气很大的一个。不过他们的结论也不能让人十分信服，还是属于那种信不信由你的东西。

老汤：我想物理学家最好学些哲学，哲学家也最好学些物理，这样大家想问题时的思路会更开阔，有助于对空间、时间和宇宙起源这类大课题的思考。

对话之五：真有外星人？

老汤：你们读没读过《山海经》？这部先秦时期的著作十分奇特，里面记录了许多山川、河流、奇花异木，更有各种千奇百怪的飞禽走兽，甚至还有鬼、神。今天看来，书中大部分内容应该算是想象虚构，但也不乏一些似有非有的东西，有些还是确有其物。要说这些记载完全是杜撰出来的，似乎也不大通，因为里面的描写实在太过具体了，想象力也有点超乎寻常的丰富。很难想象什么人会花费如此大的精力写出这么一部书，其目的只是为了糊弄人。所以《山海经》就成了一个很难解开的谜。

我：很多年前我倒是看过《山海经》，印象里似乎全是些无稽之谈。后来还曾听说有人认为它里面的某些记载也许和外星人有关。不过我觉得四川三星堆的那些眼睛突出来的铜面具倒更像是源于外星人。

小汤：好几年前三星堆文物在纽约大都会博物馆展出过，我也觉得有些面具看上去像外星人，起码不像普通的地球人。在欧洲、南美洲等地的一些岩洞里，有些古老的壁画也十分奇特，尤其在意大利发现的一幅一万多年前的洞穴绘画更是让人费解。在印度最近又发现一幅万年前的壁画，上面画的也是疑似外星人的图像。不过所有这些都没有完全脱离"人"型，因此多半还是来自于人的想象。其实外星人是什么样我们谁都不知道，甚至究竟是否可能存在外星人也完全是一个未知数。

老汤：远古巫文化里的"降神"也许也可以理解为有神从天而降，这些神会不会是来自外太空的外星人？我认为可能性恐怕也很低。古人把想象中的具有超人力的神说成是来自天上，这大概是由于当时的人认为登天是最难的，而并非是他们真的遇见过从天而降的外星人。另外，从更广泛的意义上讲，生命的形态也并非必须限定于我们存在的这一种。也许某种"东西"就"生活"于我们无法认知的形态之中，在一般情况下，信息是无法在不同形态的"东西"间相互传递的，因而也就不可能交流。当然也不能完全排除在极偶然的机会下发生某种跨接（crossover）的可能性，没准这就是鬼神之说的由来。这些说法基本上属于不可知的范畴，所以对于它们，我想只好像孔子说的那样"存而不论"了。

小汤：你刚刚说的已经超出了科学所能涵盖的范围。科学上感兴趣的，是和我们具有同样或相近生命形态的地球外生物。近年来，随着大量的太阳系外行星被发现，人们对是否存在地球外生命这类问题的关注程度也越来越高，应运而生的天体生物学就是对地球外生命进行综合研究的一个新学科。当然，人们最感兴趣的，还是地球外的高智商生物——外星人。我们已经可以确定，在太阳系里，除地球之外的其他行星上是没有高智商生物的。所以寻找外星人的希望只能寄托于外太空。第一步是要找到外太空存在生命的迹象。

我：要想研究外太空生命，首先需要能够观测到外太空的行星（简称为系外行星），因为只有行星才有可能具备产生生命的条件。倒退几十年，观测系外行星几乎是一件不可能的事。这主要有两个原因，一是因为行星本身不会发光。我们能看到太阳系中的一些行星，靠的是它们对阳光的反射。恒星比围绕它运行的行星不知要亮多少倍，因而从远处无法"看见"行星；二是太阳系外的恒星离地球非常遥远，从地球到任何其他恒星的距离都大大超过恒星/行星系统中行星与恒星之间的距离，再加上恒星比行星又大得多，所以很难将行星分辨出来。第一次发现系外行星，是在1995年。到目前为止，几乎所有系外行星的发现都是靠间接的方法。一种办法是仔细观察恒星表面亮度的变化。如果有行星围着某颗恒星转，而且其轨道正好处于地球和该恒星之间，当它运行到地球和恒星之间时，恒星发出的光就会被遮住一点点，从而导致亮度的微小变化。不过这种方法受到很多因素的制约，找到行星的机会很有限。最终使这方面的研究向前跃进了一大步的，是发现可以利用多普勒效应来探测系外行星。

小汤：爷爷大概不知道多普勒效应是什么。你说的多普勒效应与中学物理课里讲的声音的多普勒效应该差不多是一回事吧？声音的多普勒效应随处可见，比如有一列鸣着汽笛的火车由远而近从面前驶过，当火车朝向你开来时，汽笛声听起来比较尖厉；而当火车远离时，汽笛声听起来则比较低沉。这种现象是由于相对运动会使被听到的声波的频率发生变化。

我：基本上是同一个原理。只不过天文观测中的多普勒效应是基于光波而非声波。对一个观测者来说，相对运动中的物体所发出的光的频率也会发生变化。所以当一颗恒星朝向或背离地球运动时，我们观测到的恒星的光谱是会有微小变化的。如果有行星围绕某恒星运动，恒星受行星的"牵引"会发生一定的位移，地球上的观测者看来，该恒星就会具有朝向或背离地球的相对运动，这就会导致它的光谱的一点微小变化。通过对这种微小变化的分析，天文学家可以推算出"牵引"恒星的行星的一些性质，比如该行星的质量、与恒星的距离。再利用计算机模拟对所有能掌握的数据进行综合处理，我们就可以对该行星的情况有个大致的了解。

小汤：大概是一年多前吧，我在英国统计学会和美国统计协会共同编的杂志 *Significance* 上读过一篇文章，从统计学的角度对近年来发现的系外行星进行了分类和汇总。文章写成的时候，观测到的系外行星有将近 1000 颗（注：这个数字增加很快，早已远远超过 1000 了），其中绝大部分都比地球大很多，只有两颗和地球差不多大。这些数据表面上似乎显示宇宙中大个儿的行星比小个儿的要多得多，其实不是那么回事，这只不过是由于大个儿的行星更容易被发现。用统计学对数据进行解释时必须非常小心，如果不对数据的来龙去脉做认真的分析，有时候会得出大错特错的结论。

我：真正奇怪的是，这些观测到的系外行星中有相当一部分离恒星非常近，而且又大又热。这与我们太阳系的情况几乎正好相反，也与通常的行星形成理论背道而驰。到目前为止，天文学家们还不能就此给出一个令人信服的解释。

老汤：我倒觉得这并不奇怪。宇宙之大，本应包罗万象，存在各式各样的恒星—行星系统不足为奇。如果所有的系统都类似于太阳系，或者都能用同一个理论来解释，那反倒是件怪事了。

我：不管怎么说，人们最感兴趣的系外行星还是类似于地球的、可能存在生命的行星——也就是所谓的可居住行星，这与行星的大小、年龄、密度、成分、大气压力和环绕恒星运动的轨道等等因素密切相关。地球相似指数就是用来衡量一颗行星与地球相似程度的量：0是与地球完全不同，1是与地球完全一样。火星的地球相似指数是 0.64。排在前十名的已观测到的系外行星的地球相似指数则处于 0.5 到 0.84 之间。以现有的数据为基础，天文学家推算出仅在银河系里就可能有多于 100 亿颗类似于地球的行星（注：这里是指与地球大小相似的行星，而非可支持生命的行星）！

小汤： 在外太空找到能支持生物生存的行星与找到外太空生物是两码事。即使有合适的环境，出现生物的概率仍然极其微小，更不要说高智商动物或者外星人了。其实我们连地球上的生物是怎样产生的也没有定论。很多年前科学家们就试图用人工的方法来合成生命的基石——氨基酸。因为要想知道生物从何而来，就必须知道 DNA 和蛋白质是如何产生的，而氨基酸正是构成 DNA 和蛋白质的基本单元。有一个与此有关的著名故事就发生在我读过书的芝加哥大学。1952 年，当时还是研究生的斯坦利·米勒和他的老师、诺贝尔化学奖得主哈罗德·尤里一起做了一项模拟早期地球环境的实验，他们以当时地球大气中可能存在的一些物质为原料，成功地合成了氨基酸。不过在很长一段时间里，米勒－尤里实验并没有引起科学界足够的重视。原因是人们认为他们采用的人造闪电的条件只有在实验室里才能实现，自然界里是不可能有的。而且地球早期的大气里二氧化碳和氮气的含量极高，氨基酸即便产生也不能存留下去。所以尽管米勒－尤里实验合成了氨基酸，也不能说明产生生命的氨基酸就是这么来的。戏剧性的事情发生在五十多年之后。曾经是米勒的学生和合作者的杰弗里·巴达在整理米勒遗物的时候，发现一个雪茄盒，里面竟是一些米勒当年合成的氨基酸样本。令人出乎意料的是，在用现代化的仪器对样本进行分析时，发现里面有多达 22 种氨基酸，远远超出米勒所曾公布的种类。这一下重新燃起科学界对米勒－尤里实验的兴趣。人们惊讶地发现米勒还"秘密"进行过一项类似的实验，模拟的是火山口的环境。在火山爆发的时候，经常会伴随着强烈且频繁的闪电，并产生大量的水蒸气，高强度的闪电是合成氨基酸的条件，而水蒸气则使氨基酸在高二氧化碳和高氮的环境中仍能存在下去。突然间，人们认识到火山口也许就是生命的发源地！这当然还需要得到观测上的进一步证实。不过即使将来真的在火山爆发时发现有氨基酸形成，也只能说在自然界中具备可以形成生命的必要条件。这仅仅是解开生命起源之谜的第一步，从氨基酸到蛋白质和 DNA 才是更关键的一步。可惜用人工的方法从氨基酸合成蛋白质或 DNA 的实验到目前为止均告失败。另外，由于外太空生物生命的形态并不一定是像我们这样的碳基生物，所以不管我们在"创造"生命方面的实验最终成功与否，都既不能证实也不能否定外太空生物的存在。

老汤：说到生命的形态，我倒想起一个问题，就是人类在宇宙中的地位是否是独一无二的。从古到今，这个问题一直争论了几千年。无论从科学的角度还是从哲学的角度，这都是个难有定论的问题。在古代，人们普遍认为地球是宇宙的中心，人类当然是独一无二的。在哥白尼推翻了地心说之后，多数人逐渐倾向于接受哥白尼原则：在宇宙间，地球并不处于中心的优越地位，人类也不具有一个特殊观测者的身份。这似乎已成定论。然而从20世纪中叶开始又有人不断提出各种"人择原理"来挑战哥白尼原则。这类理论大体的想法是，宇宙之所以是现在这样的宇宙，与它所能支持并产生的观察者的存在密切相关。换句话说，如果宇宙的特质稍有不同，我们这种观察者就根本不会存在；我们既然能在这里观察宇宙，等于已经事先决定了此宇宙只能是现在这样的宇宙。这就意味着，人类作为这个宇宙中存在着的观察者，至少在这个特定的宇宙中是具有特殊地位的。我觉得这一套推理似乎并非全无道理，可能值得认真地探讨和研究。如果这种理论站得住脚，那么在我们这个宇宙中所能存在的生命形态与地球上的生物就应该不会相差太大吧？另外值得一提的是，"人择原理"似乎与中国传统哲学里一个最重要的概念"天人合一"有些相通之处。《易经》里就认为"天"和"人"具有一种相即不离的内在关系，研究"天道"（其中包括自然规律）不能离开"人道"，研究"人道"也不能离开"天道"。

我："人择原理"也得到一些物理学家和生物学家的认同，并且被用来说明、解释某些理论——比如多重宇宙、平行宇宙之类的理论。不过那些相关的理论大都属于玄之又玄的东西。至于我们感兴趣的外星人问题，综合目前所能掌握的各种理论和观测数据，在宇宙中的某处、某时存在某种与人类相似的高智商生物的可能性似乎还是不低的。然而考虑到各种限制因素，比如生物在一颗行星上能存在的时间极限一般大概不能超过恒星可以释放足够能量的时间段、其他恒星与地球间距离之遥远、受技术限制高智商生物究竟能"走"多快及多远等等，从这些限制看来，我们能遇到外星人的机会恐怕是微乎其微了。

附注： 对话之五写成时，老汤已经去世了。所以他未能有机会见到最后的全文。我仅希望能以此文作为小汤和我对老汤最深切的怀念。

进化论与创世论之争

　　进化论由达尔文在 1859 年出版的《物种起源》中首先提出。历经一百五十余年，在现代文明社会里可谓家喻户晓。严复的名句"物竞天择，适者生存"是对达尔文的进化论的极佳归纳，即自然界里生物的进化是由自然选择来决定的。从现代基因学的角度看，还可以说得更精确一点：自然界里生物的进化是由**随机**的基因变异和变异之后的**非随机**的自然选择来决定的。当然，进化并非只能来自于自然选择。某个特定物种的进化也可以由其他种的选择来决定，比如人工选择，其典型的例子就是我们现在看到的成千上万种的狗。

　　进化论自诞生之日起就受到来自以宗教为背景的各种创世论者的百般挑剔和攻击。这种争论在西方持续了一百五十多年，至今也没有结束的迹象，而且恐怕会永远进行下去。创世论统指一切认为万物和生命是由超自然或神奇的方式创造出来的信仰。比如在基督教中，创世论者相信上帝一共用时 6 天创造了世界以及世界上的万物：第一天，上帝创造了光明和黑暗；第二天，上帝创造了天；

第三天，上帝创造了旱地和植物；上帝在第四天创造了太阳和月亮；第五天创造了鱼和鸟；第六天创造了陆地上的动物和人类。

随着越来越多生物化石的发现和众多新的科学实验的成功（尤其是对基因研究的飞速发展），很多创世论者如今并不否认（其实也无法否认）生物的进化，他们一致反对的，是自然选择决定了自然界里生物进化的方向。当然，也有相当一部分极端的创世论者连生物的进化也是不承认的。在一个宣传创世论的网站上，为了解释地层下层化石（形成较早）中生物的进化程度低，而越往上层的化石（形成较晚）中生物的进化程度越高这一事实（这是随时间推移生物由低级向高级进化的一个证据），他们提出了一个让人哭笑不得的新理论：

当上帝发怒水淹世界的时候，除了极少数幸运的动物进了诺亚方舟之外，其余的动物争相往高处逃命，于是

1．行动速度最慢的海洋动物首先遭泥沙覆盖，然后轮到行动稍快的鱼类。

2．两栖类（住在海附近）随着水面升高接着遭灭顶。

3．爬行类（行动缓慢的陆地动物）下一个完蛋。

4．哺乳类可以和不断上升的大水赛跑，体形越大、奔跑速度越快的动物存活得越久。

5．人则利用其智慧，以爬上浮木等办法躲避大水。

这个次序完满解释了地层中生物化石的顺序问题——那不是进化的顺序，而是诺亚大水淹没的顺序！

别以为这是在讲笑话，它是创世论者一本正经提出的用以抗衡进化论的理论。令人担忧的是，这类歪理不但有一定的市场，而且层出不穷。

尽管现代科学技术（例如用测量岩石中同位素衰变的方法）可以非常肯定地证明地球的年龄大约有 46 亿年，在美国却有高达 40% 的人认为地球的年龄小于 10000 年。更有 44% 的美国人相信人类并非进化而来，而是上帝在不早于 10000 年前直接创造的（2008 年盖洛普民意调查）。在英国，情况也大致相同。有意思的是，2003 年在中国进行的类似民意调查所显示的结果却大不一样，认同进化论的中国人比例高达 71%。有的人认为这是共产党执政的结果，因为马克思主义不但赞同进化论，而且还把进化论的一些概念推广、应用到分析人类历史的进程上。这种说法恐怕是站不住脚的。当严复于 1896 年翻译了英国著名博物学家、进化论的铁杆捍卫者赫胥黎（Thomas Henry Huxley，1825—1895）的《天演论》，第一次将进化论介绍给国人，立刻一石激起千层浪，极大地震撼了中国的思想界。向来目空一切的康有为，看了《天演论》译稿以后，也不得不承认从未见过如此之书，并誉其为"中国西学第一者也"。他的学生梁启超读了严复的译稿，未待其出版，便开始对进化论加以宣传，并根据其思想做文章了。自《天演论》于 1898 年正式出版后，进化论几乎没有受到什么挑战就被中国的思想界和学术界普遍接受，并将其作为推动社会改革的一大理论依据。像后来的孙中山、鲁迅等人无一不是进化论的拥护者和鼓吹者。

进化论在中国和西方受到如此不同的对待，其根本原因只能归结为宗教的影响。宗教信仰有时会让人闭眼不看事实。

如果创世论者只是将创世论当作自己信仰的一部分，也就罢了，起码无大害于社会。可要命的是，有些创世论者极力要用他们的理论来影响大众。近年来，在美国甚至有人想通过立法的途径强制在中学里教授创世论。这就不能不引起有识之士的警惕了。去年（2009 年）是《物种起源》出版 150 周年，为了纪念这一划时代的事件，前英国牛津大学讲座教授理查德·道金斯（Richard Dawkins）出版了《地球上最伟大的展示》（*The Greatest Show on Earth*），这部书是新近最有分量的一部捍卫进化论的著作，在英美等国引起了巨大的反响。道金斯以自然界中存在的大量实例和数量可观的实验结果为依据，用深入浅出、颇具幽默感的语言论证了进化论之是和创世论之非。在他讲述过的实验中，有两个非常有意思。现简述于下，以飨没看过道金斯原著的读者。

实验 1：1988 年，理查德·伦斯基（Richard Lenski）领导的研究小组将完全相同的（即从同一个"祖宗"繁殖而来的）大肠杆菌接种到 12 个装有同样培养液（含有大肠杆菌喜欢"吃"的葡萄糖）的瓶子里，让它们在那里生长、繁殖一天。这 12 个瓶子对这些细菌来说相当于 12 个完全孤立的世界。刚开始时由于细菌少，资源（葡萄糖）相对丰富，细菌的数量会快速增长。但随着细菌的增多，资源不久就变得相对短缺，细菌们不得不为资源而竞争。细菌数量的增长会减慢，以至停止。每天结束的时候，他们把每瓶中 1/100 的细菌分别移到新的、装有同样培养液的瓶子里，让它们重新开始下一轮在孤立世界中从自由生长到相互竞争的过程。日复一日，这样的程序持续了二十多年（目前还在继续进行）。到 2008 年，这批大肠杆菌已经繁殖了四万五千多代，这相当于哺乳类动物 1 亿年的进化过程。

功夫不负有心人，伦斯基和他的合作者们通过这个漫长的实验得到了不少极有价值的成果。首先，他们将不同代的大肠杆菌对资源抢夺的能力与它们的祖先进行了比较。结果发现在激烈竞争环境中成长起来的大肠杆菌，其竞争力持续提高，而且在初始阶段提高尤其快（图 1）。

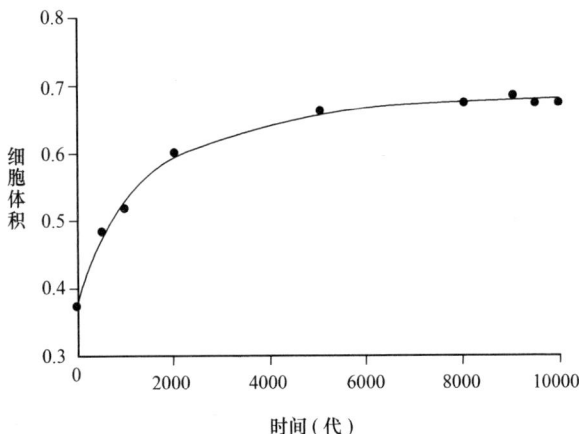

图 1　大肠杆菌争夺资源的能力（体现为细胞的体积）随时间的变化

说明面对恶劣的生存环境，生物必须以较快的速度进化。这相当于自然选择的"门"很窄，只有那些最具生存力的变种才能通过。当它们进化到一定程度之后，对环境已经比较适应，自然选择的"门"就相对较宽，进化的速度也就减缓下来。这与进化论所预期的完全一致。

另一项更有意思的成果则多少带有一点儿侥幸的成分。按照实验的设计，由于只提供固定且有限的资源，每天结束的时候，在这 12 个瓶子里大肠杆菌的密度（相当于"人口"数）基本趋于一个常数。可是在繁殖到大约 33100 代的时候，有一个瓶子里的大肠杆菌的密度却突然跳升了差不多 6 倍，并从此维持在这个高水平上（图 2）。而其余 11 个瓶子里大肠杆菌的密度直到现在也没有多少变化。那个瓶子里究竟发生了什么？原来，在培养液里除了有大肠杆菌能"吃"的葡萄糖，还有它们不能"吃"的柠檬酸。在那个瓶子里的大肠杆菌经过基因变异恰恰进化出了"吃"柠檬酸的本事！它们可以利用的资源立刻成倍增加，

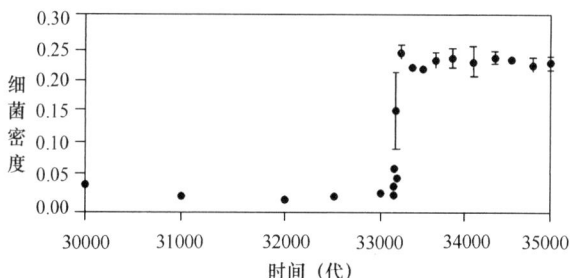

图 2　某些大肠杆菌在繁殖到约 33100 代时变异出"吃"柠檬酸的能力

自然选择的"门"当然会向它们大大敞开了。这有点像我们人类的祖先从四脚着地到站立起来，对资源的控制能力一下子有了翻天覆地的变化。基因变异是随机的，使大肠杆菌具有"吃"柠檬酸能力的变异涉及至少两步相互关联的特定变异，因而发生的概率是极低的，尽管迟早有一天会发生，却不一定发生在 20 年内。从这点上说，伦斯基的运气真是不错的。

实验 2：孔雀鱼是生长在南美洲的一种淡水鱼，公鱼身上有亮丽的花斑，其作用是吸引母鱼的注意，以利于传宗接代。孔雀鱼还有一种本事，就是把自己伪装成溪流底部的碎石以逃避天敌（例如派克鲷）的攻击。这就产生了一个矛盾：花斑越亮丽就越容易吸引母鱼，也就越利于传宗接代；但同时就越难伪装成碎石，因而就越容易被天敌吃掉。从理论上讲，在这两种因素的夹击下，进化的结果应使公孔雀鱼身上的花斑达到某种平衡。恩德勒（John Endler）博士设计了一个实验来对此进行验证。他在 10 个大水池里养上同样数量来自同一处的孔雀鱼，其中 5 个水池的底部铺细砾石，另 5 个铺粗砾石。恩德勒在两个细砾石水池和两个粗砾石水池里放入对孔雀鱼威胁很大的派克鲷，在另外两个细砾石水池和两个粗砾石水池里放入威胁较小的锵鱼，剩下的两个水池里只有孔雀鱼。孔雀鱼在这些不同环境中进行繁衍，恩德勒在第 5 个月和第 14 个月时各进行了一次检测，结果是令人震惊的。5 个月时的检测显示，在那 4 个有派克鲷的水池里，孔雀鱼身上的花

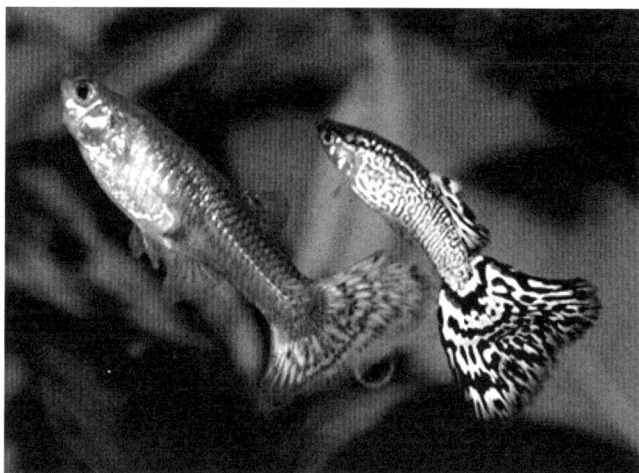

孔雀鱼

斑明显变少、变暗。而另外 6 个水池里的孔雀鱼身上的花斑则明显变多，也变得更亮丽。到第 14 个月时，这种变化更加明显。除此之外还有一个更有意思的现象，在两个有派克鲷且铺粗砾石的水池里，孔雀鱼身上的花斑不但变少、变暗，而且变大！相反，在两个有派克鲷且铺细砾石的水池里，孔雀鱼身上的花斑显著变小。这种变化显然是为了使其能更易混迹于池底的砾石之中以躲避派克鲷。这个实验同时还告诉我们，在自然选择下的进化过程有时可以是很快的，甚至在几代之后就能显现出来。

按照进化论，生物在自然选择下进化的"动力"主要来自两个方面：有效生存（占有资源、逃避天敌等等）和繁衍后代。当然前者是更优先的，如果无法生存，就谈不上繁衍。孔雀鱼的实验非常清楚地印证了这一点。

对进化论的威胁不仅来自创世论者花样百出的质疑，同时也来自一些极端的进化论者。尤其是有些人将进化论毫无节制地外推到社会学领域，从而导致反人性的种族理论。一个最典型的例子就是希特勒在纳粹德国推行的种族净化运动。如果这种运动只是一些狂人毫无科学根据的胡思乱想，也许还不致有太大的市场。令人担忧的是，从纯科学的角度看，用人工选择的办法通过进化而产生出"超人类"的可能性起码在理论上并非完全不可能。

在用计算机对人类和黑猩猩的DNA序列进行对比分析后，人们发现变化最大的是基因组中一段含有118个基因码的基因——1号人类加速区（HAR1），有18处不同。而对比鸡和黑猩猩的DNA，同样这段基因只有两处不同。可以想象，如果用某些方法使一批人的HAR1发生变异，"进化"出来的变种也许就是一批"超人类"。由此引起的社会问题将是极为严重的，后果很难预估。这类问题也是一些创世论者用来攻击进化论的一大理由，他们宣称进化论会引起种族歧视、破坏社会和谐。遗憾的是他们犯了一个巨大的错误——把极端的泛进化论与科学的进化论混为一谈了。

闲话希尔伯特问题

1900年，在巴黎召开的第二届国际数学家大会上，希尔伯特（David Hilbert，1862—1943）做了题为《数学问题》的演讲，提出了23个他认为会对20世纪数学发展起重大作用的问题，这就是著名的希尔伯特的23个问题。时至今日，110年已经过去了，这23个问题有些彻底解决了，有些得到了部分的解决，还有几个没有解决。无论如何，这些问题对最近一百多年的数学研究确实起了极大的推动作用，为了解决其中的某些问题，甚至发展出了一些新的数学领域或分支。在寻求解决这些问题的过程中，那些做出过重要贡献的人被数学界誉为"荣誉班"的成员。关于他们有不少挺有意思的故事，有悲剧，也有喜剧。而提出这23个问题的希尔伯特更是数学界的一代大宗师，大概应该算是这个"荣誉班"当之无愧的班主任吧。他的学生之一、诺贝尔物理学奖获得者劳厄（Max von Laue，1879—1960）在回忆他时说"在我的记忆中，这个人可能是我所见过的最伟大的天才"。

希尔伯特出生的哥尼斯堡（Königsberg）是拓扑学的

发祥地，著名的"七桥问题"中的七座桥就在这里。哥尼斯堡也是大哲学家康德的故乡，在这里长大的孩子们（尤其是男孩）可以说都是浸泡在康德的思想里成长起来的。每年4月22日（康德的诞生日），康德长眠的地窖会对公众开放，希尔伯特的酷爱哲学的母亲总会带他去向这位伟大的哲学家致敬。也许正是由于这种哲学上的熏陶，使他一生对数学体系本身的完备性、相容性、确定性等等基本问题情有独钟。

希尔伯特8岁时才上学，比一般孩子晚了两年。他上的是颇负盛名的冯检基（Friedrichskolleg）书院。在他之前140年，康德就在这里读书。在这所既传统又保守的名校里，最受重视的是拉丁文和希腊文，数学次之，根本不教授其他科学课程。因而记忆力并不出众的希尔伯特没有太大的用武之地，表现平平，基本上处在疲于应付的状态。数学对他来说毫不费力，可他也没花多少精力在上面。按他自己的话说"在学校里，我没怎么在数学上下工夫，因为我知道以后会有机会去钻研它"。直到中学的最后一年，希尔伯特转学去了非常注重数学和科学的威廉（Wilhelm）书院，他才如鱼得水，各科成绩突飞猛进。尤其是数学，他不但获得了最高的分数，还被破格免去了口试。毕业时得到的评语是"对于数学，他总是表现出浓厚的兴趣和深刻的理解；他以令人激赏的方式掌握了学校里教授的所有科目，并且能将其以令人信服和富有创造性的方式加以应用"。

中学毕业后，希尔伯特进了哥尼斯堡大学。这所大学以自由著称，教授想教什么就教什么，学生想学什么就学什么，没有任何限制。甚至每门课上完后连考试都没有，只在毕业时需要通过考试。希尔伯特没有按照父亲的愿望去学法律（他父亲是法官），而是选择了数学。那时德国的大学允许学生到其他学校去游学，希尔伯特曾到著名的洪堡大学就读过一学期。但他没有像大多数学生那样，继续前行去当时的学术中心柏林，而是返回了哥尼斯堡。1882年具有数学神童之称的闵可夫斯基（Hermann Minkowski，1864—1909）也回到哥尼斯堡，两人志趣相投，从此结为终生的挚友。这个闵可夫斯基后来教过爱因斯坦数学，尽管他对爱因斯坦的数学才能评价很低，他引入的四维时空（闵可夫斯基空间）概念却为相对论的后续发展奠定了关键的数学基础。1884 年，24 岁的赫尔维茨（Adolf Hurwitz，1859—1919）来到哥尼斯堡大学当助理教授，他对希尔伯特的影响极大，可以说是他真正的老师。有相当长的一段时间，每天下午 5 点整，赫尔维茨、希尔伯特和闵可夫斯基三人都要聚在一起，散步到一棵苹果树下。以希尔伯特自己的说法，"在无休止的散步中，我们全神贯注于当时的各种数学问题，交流我们对这些问题的最新理解、想法和研究计划，同时结成了终身的友谊"。

与闵可夫斯基和赫尔维茨相比，希尔伯特应该算是大器晚成的那种（当然不是以我们今天的标准）。闵可夫斯基 18 岁还在上大学时就赢得了国际知名度很高的巴黎科学院科学数学

希尔伯特

大奖赛的大奖（1883 年）。赫尔维茨则年纪轻轻就已经发表了多篇重量级的数学论文，并获得了令人羡慕的职位。

希尔伯特之所以后来在许多领域里取得了重大成果，与他做学问的方法密切相关。一般人开始研究一个新课题时，通常是以前人的结果为起点接着往前走。希尔伯特却不是这样，他总是要从问题的起源开始，将它的来龙去脉彻底梳理一遍。这往往能让他站在新的制高点上，从与前人不同的角度重新审视问题，发现意想不到的新方法来攻克难题。一个典型的例子就是在他刚出道时解决的不变量理论中的戈尔丹问题。戈尔丹（Paul Gordan，1837—1912）在 1868 年使用构造性方法给出了二元型系统的证明。此后 20 年间，很多数学家花了大量的时间想将其推广到更多元的系统，都以失败告终。希尔伯特仔细分析了戈尔丹问题，断定沿着老路走下去是没有希望的。他于是从一个全新的视角重新审视这个问题，在 1888 年利用反证法一举给出了任意多元系统的证明。

到 1900 年，希尔伯特已经成为可以和庞加莱（Henri Poincaré，1854—1912）比肩的顶尖数学家了。第二届国际数学家大会邀请他做一个专题演讲，题目自选。希尔伯特认为，如果能归纳出对新世纪的数学发展具有重要影响的一批问题将会比仅仅讲一个他自己的研究成果更有意义。为此，他写信征求了闵可夫斯基和赫尔维茨的意见，并在其后多次与他们通信商定问题的取舍。应该说在最后确定的这 23 个问题中，也有闵可夫斯基和赫尔维茨不少的心血。

由于时间限制，希尔伯特在大会上只来得及讲了 23 个问题中的 10 个，其余 13 个被列在会议的通报中。这些问题大体上可以分成四大类：数学的基础问题及特定数学领域的基础问题（第 1—6 题），数论问题（第 7—12 题），代数与几何问题（第 13—18 题）和数学分析问题（第 19—23 题）。

巴黎数学家大会之后，这 23 个问题成了 20 世纪数学界的指路灯。希尔伯特所在的哥廷根大学则被很多人视为数学的圣地，成百名青年学生从世界各地云集到这里。在鼎盛时期（第一次世界大战为这一时期画上了句号），希尔伯特讲课时经常连走道上和窗户外都站着学生。他的很多学生和助手后来都成为数学界或物理学界的重要人物，说他桃李满天下一点也不为过。

1950 年，美国数学学会要求当时最有影响的数学家

之一外尔（Hermann Weyl，1885—1955）总结一下过去
50年数学的进展，他写道，要不是因为"巴黎问题"所
用术语太过专业，则只需直接将已经解决和部分解决的希
尔伯特问题开列下来就已经可以完成任务了，"（希尔伯特问
题）就是数学家们经常用来衡量自己进展的进度表"。

希尔伯特第二问题

　　希尔伯特第二问题是关于"公理系统相容性的问题"
（即判定一个公理系统内的所有命题是彼此相容无矛盾
的），希尔伯特希望能以严格的方式来证明任意公理系统
内命题的相容性。公理系统的一个简单例子，是我们大家
上中学时都学过的欧氏几何学，欧几里得列出了十条公
理，所有别的几何定理都可以从这些公理出发推导出来。

　　解决希尔伯特第二问题的，是被誉为继亚里士多德
之后最伟大的逻辑学家的哥德尔（Kurt Godel，1906—
1978）。除了希尔伯特第二问题，哥德尔对希尔伯特第一
问题的解决也起了关键性的作用，若不是他的兴趣突然莫
名其妙地转移了，第一问题很可能也会成为他的囊中物。

　　哥德尔出生在摩拉维亚省的布尔诺（当时属奥匈帝国，现属
捷克）。他天资聪颖，只用了四年时间就完成了一般需要八年
的初等教育。1918年上高中后，几乎门门功课都得最高分，
而唯一没拿到最高分的课竟是数学！在进入维也纳大学之
初，他是准备搞物理的。后来他的导师、数学家哈恩（Hans

Hahn，1879—1934）介绍他加入了当时非常有名的 Vienna Circle（一个以探讨数学和物理学的哲学基础为目标的、由科学家和哲学家组成的小团体），使他的兴趣一下子从物理学转向了逻辑学。

1930年2月，哥德尔获得博士学位，他的博士论文是证明数理逻辑中最基本的形式系统——谓词演算（又称一阶逻辑）的完备性和相容性。这一年稍后，他证明了他的最著名的两个关于公理系统的不完备性定理（发表于1931年3月）。哥德尔的论证与古希腊哲学家埃庇米尼得斯（Epimenides，公元前6世纪）的克里特悖论（身为克里特人的埃庇米尼得斯宣称"所有的克里特人都是骗子"）有点类似。其大意是说，对于任何一个公理系统，必定存在一个用形式语言表述的语句（Statement）无法用形式语言的推理来证实或证伪，即这个语句是不确定的，因而只能靠增加一个新的公理来对付它。换句话说，为了堵住公理系统的一个漏洞，就需要引入新的公理，而新公理的引入又导致新漏洞的出现——鱼总是比网大！正是这个不完备性定理从完全出乎意料的、相反的方向解决了希尔伯特第二问题。比较准确的说法可能应该是：不完备性定理证明了公理系统相容性的不可证明（也就是说，希尔伯特想要的，是根本不可能被证明的）。这个消息刚刚传到希尔伯特那里时，他的最初反应是难以置信，甚至还有些愤怒。后来在他的助手伯内斯（Paul Bernays）的说服之下，他仔细研究了哥德尔的证明，很快意识到其正确性和重要性。当时希尔伯特正在哥廷根大学讲授一门关于公理系统的课，看了哥德尔的论文

哥德尔

后，他马上把剩余课程全部取消了。

哥德尔是数学界公认的天才，也是众所周知的大怪物。他生性怕羞，据说他第一次讲课时整整一节课全都是面对黑板，没朝学生看一眼。有人认为这也许与他那时就已经患了某种程度的抑郁症或狂想症有关。早在学生时代，医生就怀疑哥德尔可能患有抑郁症或精神病，而他的一大乐趣就是与他的一个朋友共同策划如何误导医生，以使其无法判断他到底有什么病。也许正是这种讳疾忌医的态度要了他自己的命。到了晚年，他的狂想症最终发展到拒绝进食（因为怀疑食物里有毒），以致由于器官功能衰竭而死。

哥德尔还有过被误认为是德国间谍的经历。1942年夏天，他到缅因州的滨海小镇蓝山（Blue Hill）度假。那时他正致力于选择公理的独立性的研究，为了不受干扰，他总在晚上去海滩边散步边思考。散步就散步，却还要自言自语，而且还用德文。那时第二次世界大战正打得如火如荼，德国潜艇曾经在美国大西洋沿岸出没过，哥德尔的长相恐怕也有点容易令人起疑。所有这些因素加在一起，让当地的居民很难不疑心他是前来接应德国潜艇的间谍。当局不时接到举报电话，好在他们并不糊涂，从未把哥德尔弄到警察局去。

作为逻辑学家，哥德尔一生认死理、爱钻牛角尖，凡事都以逻辑推理为准。有时候让人觉得他好像是个不食人间烟火的异类。他为数不多的朋友之一，对策论的奠基人、经济学家摩根斯坦（Oskar Morgenstern，1902—1977）讲过一个很有趣的故事，颇能反映哥德尔的这一特点。1948年4月，哥德尔准备加入美国国籍。入籍前必须通过一个例行的简单考试。他花了极大的精力认真进行准备，尤其深入地钻研了美国宪法。考试前不久，哥德尔十分兴奋地跑来对摩根斯坦说"我发现了一个使美国能在逻辑上合法转化为独裁政权的可能性"。摩根斯坦当然知道不管哥德尔的论证多么精辟，这项发现对入籍考试来说都是灾难性的。所以他特别叮嘱哥德尔在考试时一定不要提这项新发现。考试那天，爱因斯坦和摩根斯坦两人作为证人陪同哥德尔来到移民局。入籍考试通常只允许申请人一人进入移民官的办公室。可能是出于对爱因斯坦的尊重，移民官把他们三个人一起请了进去。移民官开场说道，"到目前为止，你持有德国国籍……"哥德尔马上纠正说是奥地利国籍。移民官接着说："不管怎样，它是在邪恶的独裁统治之下……幸运的是，这在美国是不可能发生的……"这下可捅了马蜂窝，哥德尔立刻高声打断道："正相反，我知道这是可能发生的！"摩根斯坦和爱因斯坦二人费了九牛二虎之力才总算阻止住他继续深入阐述他的重要发现，让考试回归正轨。

爱因斯坦与哥德尔的交情匪浅，两人经常一起从普林斯顿高等研究所散步回家。一路上他们会讨论涵盖范围极广的各种各样的问题。哥德尔是为数不多的愿意挑战爱因斯坦想法的人，比如他曾直言对统一场论抱持怀疑态度。在晚年时，爱因斯坦有一次跟摩根斯坦说，他自己的工作对其本身已经没有多大意义，他之所以仍然每天去研究所，仅仅是为了"能获得与哥德尔一起散步回家的特权"。哥德尔也把爱因斯坦视为知己。1949年，为了庆祝爱因斯坦的七十大寿，《在世哲学家文库》准备出一本专辑《阿尔伯特·爱因斯坦：哲学家—科学家》。主编希欧普（P. A. Schilpp）邀请哥德尔也贡献一篇文章。哥德尔突发奇想，决定要为专辑写一篇关于广义相对论的论文。于是重操物理旧业，开始认真研究广义相对论。让人不得不服气的是，他还真发现了爱因斯坦场方程的一个不为人知的新解——这个解对应于一个"没有时间的世界"（有兴趣的读者可以去看 Palle Yourgrau 的 *A World Without Time*）。

希尔伯特第八问题

希尔伯特第八问题是黎曼假说和其他质数问题（质数

就是只能被它自己和 1 整除的自然数，例如：2，3，5，7）。黎曼假说（即关于 ζ 函数零点的分布的猜想）：ζ 函数的所有非平凡零点的实数部分都是 1/2。"其他质数问题"的代表之一就是哥德巴赫猜想：任何一个大于 2 的偶数，都可表示成两个质数之和（数学圈里称其为 1+1，就是说可表示成一个质数加另一个质数）。

哥德巴赫猜想看上去真是很简单，对任何一个比较小的偶数，似乎都不难把它写成两个质数之和。比如偶数 8 可表示成 3＋5，3 和 5 是质数；又如偶数 12 可表示成 5＋7，5 和 7 是质数，等等。可要证明对任何一个大于 2 的偶数都能成立，却比登天还难。对哥德巴赫猜想以及和它连在一起的一个名字——陈景润（1933—1996），很多人可能并不陌生。在文化大革命刚刚结束的 1978 年，陈景润可谓是家喻户晓的超级明星，这在很大程度上是拜名作家徐迟的一篇报告文学《哥德巴赫猜想》（《人民文学》1978 年 1 月号）所赐。文章发表后，一时间洛阳纸贵，各大报刊争相转载。陈景润成为科学与献身的代名词，至于他究竟在哥德巴赫猜想上证明的是什么反而成了次要问题。其实陈景润的这项工作在 1966 年 5 月就已经完成了，只是由于"文革"正好在那年开始，没办法拿出来发表。他所证明的是（陈氏定理）：任何充分大的偶数都是一个质数与一个自然数之和，而后者最多仅仅是两个质数的乘积（即他证明了任何大偶数都可写成一个质数加不超过两个质数的乘积，所以称为 1+2）。陈氏定理看上去离证明哥德巴赫猜想只有一步之遥，可这最后一道坎时至今日也没人能跨过去。

　　有人将哥德巴赫猜想比作数学皇冠上的一颗明珠，但与黎曼假说相比，它的重要性终究还是略逊一筹。这主要是因为 ζ 函数与质数的分布紧密相关，而质数的分布不但在数论的研究中至关重要，在实际应用上也意义重大。特别是在密码的加密与解密方面，比如公开金钥加密的 RSA 算法就是以大质数为基础的。

　　黎曼（G. F. B. Riemann，1826—1866）在数学史上占有极重要的地位，是黎曼几何学创始人及复变函数论创始人之一，对数学分析、微分几何和微分方程都有重要贡献。黎曼自上小学开始就被视为数学天才，校长专门派了一位老师教他数学。但是很快老师就发现，他从黎曼那儿学到的东西比他能教给黎曼的要多得多！在中学里，校长干脆让黎曼到他的私人图书室（那里有很多高深的数学专著）去自己找书看。有一次黎曼要求校长给他推荐一本难一点的书，为了试试黎曼的潜力，校长建议他去读勒让德（A. Legendre）859 页的巨著《数论》。一星期后，黎曼把书还了回来，校长问他书是否太难，他回答说，非常高兴校长给了一本能让他读了一星期之久的书。两年后，黎曼请求学校以勒让德的《数论》作为他毕业考试的一部分。尽管两年来他从未再摸过这本书，对所有的问题却全能对答如流。毫无疑问，《数论》对黎曼具有很大影响，使他对研究质数的分布产生了浓厚的兴趣。

　　提出黎曼假说的论文发表于 1859 年。为了阐述和解释这篇仅仅八页长的论文，爱德华兹（H. M. Edwards）写

黎曼

了一部 300 页的专著《黎曼的 ζ 函数》(1974)。ζ 函数本身其实并不复杂，学过初等数学的人大概都能看懂：

$$\zeta(s)=1+\frac{1}{2^s}+\frac{1}{3^s}+\frac{1}{4^s}+\frac{1}{5^s}+\cdots=\sum_{n=1}^{\infty}\frac{1}{n^s}$$

黎曼断言 ζ 函数的所有非平凡零点的实数部分都是 1/2。到目前为止，所有已知的 15 亿个非平凡零点（绝大部分是用计算机得到的）全部与黎曼的猜想相吻合。

在希尔伯特眼里，黎曼假说应该算是这 23 个问题中的重中之重。巴黎会议之后不久，有人问过他在这些问题中哪一个最重要，他以不容置疑的口气答道"黎曼假说"。多年以后，在希尔伯特晚年，又曾经有人问他，假如死后 500 年又复活了的话，问的第一个问题会是什么？他毫不犹豫地答道："是否有人证明了黎曼假说？"

关于希尔伯特和黎曼假说还有一个传说：某天，他的一个学生拿了一篇证明黎曼假说的论文给他看。希尔伯特仔细研究了这篇论文，对文中的精辟论证留下深刻的印象。只可惜他发现其中有一处错误，而且想尽办法也无法克服。一年之后这个学生突然去世了。在下葬时，希尔伯特要求致悼词。在蒙蒙细雨中，他趋前几步，面对哭哭啼啼的亲友开始演讲。他首先说，如此才华横溢的一个年轻人在其能有所作为之前就死去了，真是个悲剧。尽管这个年轻人对黎曼假说的证明存在一处错误，但是可能有一天，这个著名问题的解答也许就是沿着死者所指出的方向而被得到。然后话锋一转，"事实上，让我们来考虑一个复变量的函数……"接着就是天马行空的长篇大论。

希尔伯特在 1920 年的一次演讲时说，他认为演讲厅里没人能活到看见希尔伯特第七问题的解决，而他自己应该能活着看到黎曼假说被证明，大厅里最年轻的人则可能看到费尔马大定理被证明。事实是，只有他对费尔马大定理的预言是大体正确的——它于 1994 年被证明。其余两个问题则和他的预言正好相反，他活着看到了第七问题的解决，而黎曼假说时至今日还是没能被证明。

希尔伯特第十三问题

一般的七次方程式 $x^7 + ax^3 + bx^2 + cx + 1 = 0$ 的七个解，

是系数 a，b，c 的（三变量）函数。第十三问题是：此三变量的函数是否可用有限个双变量的函数来建构。希尔伯特真正关心的当然不是仅限于这个七次方程的解，他感兴趣的大概是一个多变量的函数是否能用有限个双变量的函数来建构。

俄国最伟大的数学奇才柯尔莫哥洛夫（A. N. Kolmogorov, 1903—1987）奠定了解决这个问题的基础，他在1956 年证明任意具有多个变量的函数均可用有限个三变量的函数来建构。第十三问题的最终证明，则是由他的学生、当时年仅 19 岁的阿诺尔德（V. I. Arnold, 1937—2010）于 1957 年给出的——任意具有多个变量的函数均可用有限个双变量的函数建构。柯尔莫哥洛夫和阿诺尔德所研究的是一个更广义的问题，第十三问题只是其特例。

柯尔莫哥洛夫出生在俄国最动荡的年代，一生颇富传奇色彩。他父亲是个革命者，在被流放时结识了出身于贵族家庭的柯尔莫哥洛娃（柯尔莫哥洛夫的母亲），之后上演了一出贵族小姐与流亡革命者私订终身的戏码。不幸的是柯尔莫哥洛夫的母亲在生他时死了，而父亲虽然偶尔来看看他，却从来就没和他在一起生活过。柯尔莫哥洛夫是由姨妈抚养长大的，这也是他随母姓的原因。他的这位姨妈也干过革命，还曾经被软禁过。据说柯尔莫哥洛夫三个月大的时候，他家遭到搜查，违禁品就藏在他的摇篮下面。后来为了照顾柯尔莫哥洛夫，他的姨妈放弃了革命活动。

柯尔莫哥洛夫在很小的时候就显露出超常的数学天赋。他的第一篇论文是在五六岁时发表于他们学校的校

柯尔莫哥洛夫

刊上的，内容是报告他发现 $1=1^2$，$1+3=2^2$，$1+3+5=$
3^2，$1+3+5+7=4^2$，等等。他 14 岁就已经自学了高等
数学，不过按他自己所说，在中学时其实对生物和历史更
有兴趣。他刚入莫斯科大学的时候，在学习数学的同时也
学历史，而且他在大学里写的第一篇论文还是与历史有关
的：运用概率论的方法分析 15 和 16 世纪诺夫哥罗德省的
土地注册问题。尽管那时统计学还远没有成为一个成熟的
学科，他仍然得到了一些很有意义的结果。他把论文拿给
一位历史教授看，教授认为文章不错，但不能发表，原因
是"你只发现了一个证据，对历史学家来说这远远不够，
你至少需要五个证据"。柯尔莫哥洛夫从此彻底打消了搞
历史的念头，决定去搞科学，因为"在那里，对于一项结
论，一个证明就够了。"由此，俄罗斯可能少了一位历史

学家，而世界上则多了一位伟大的数学家。

19 岁时，柯尔莫哥洛夫发现了勒贝格可积函数的傅里叶级数的发散性（傅里叶级数在物理学中有重要应用），这一结果对傅里叶级数的研究意义极大，使他一下成为国际数学界瞩目的新星。柯尔莫哥洛夫一生发表过五百多篇学术论文，涵盖了数学和物理领域。在涉足的每个领域里，他所取得的成就是一般的数学家或物理学家很难望其项背的。在概率论方面，他首创了一套以测度论为基础的公理系统（1929—1933 年），整个近代概率理论就是在它上面建立起来的。这也与希尔伯特第六问题息息相关，起码可以算是它的一个子问题。他在随机过程，特别是马尔可夫链和布朗运动的研究中取得了极为重要的成果，为现代统计学奠定了基础。在湍流理论、混沌理论、相空间理论、三体问题、拓扑学等许多数学、物理领域中他都做过非常了不起的工作。柯尔莫哥洛夫在希尔伯特第十三问题上的贡献足以使任何一位数学家跻身于世界顶尖数学家的行列，但与他一系列"开天辟地"的成果相比，这大概也只能算是他的一项"普通"的成就。

柯尔莫哥洛夫的兴趣相当广泛，数学、物理、生物、历史之外，他还爱好古典音乐和古典文学。对俄罗斯诗歌更是情有独钟，甚至还发表过 11 篇用统计学方法研究俄罗斯诗歌韵律结构的论文。他对户外活动也十分着迷，一有机会就出去远足、露营。有一年，他和另一位顶尖数学家、拓扑学大师亚历山德罗夫（P. S. Alexandrov, 1896—

1982）一起，既不带地图也不带旅游手册，随身只带了一本《荷马史诗》，划一艘小船沿伏尔加河漂流而下。"我们通常把帐篷支在沙洲的顶端，在那里对水流会有一种特殊的感觉。在旅程的开头几天，我们经常在夜里去游泳；在白色的夏夜里，河岸边飘拂着茂密的柳条，空气中充溢着鸟儿的欢叫。这些都给我们留下了不可磨灭的印象。真希望能这样永远继续下去……"（柯尔莫哥洛夫）这次没有任何既定目的地的旅行历时 21 天，漂流了 1300 公里，也使他和亚历山德罗夫成为终身的挚友。

除了在数学和物理学领域中的辉煌成就，柯尔莫哥洛夫对前苏联的初等教育也有重大贡献。从 1963 年起，他的主要精力就放在了创建和指导第十八中学数学和物理之上（该校因而经常被人们称为柯尔莫哥洛夫学校）。这所精英学校从全国各地招收在数学和科学上具有超常才华的学生，为苏联/俄国造就了很多数学和科学方面的优秀人才。柯尔莫哥洛夫为第十八中学无偿工作了 15 年，他不但亲自给高年级学生教授数学、参与高中数学教材的编写，而且也给孩子们讲音乐和文学，还经常带他们去露营。在他的带动下，有一大批知名的数学家（其中很多是他的学生）在那里授课，使学校的教学一直处于极高的水平。

从希尔伯特提出他的 23 个问题到今天，一百多年已经过去了。这些问题中有十六个得到了解决（1, 2, 3, 4, 5, 7, 9, 10, 11, 13, 14, 15, 17, 18, 21, 22），另外五个（6,

12，19，20，23）不是精确意义下的"问题"，而是属于研究领域或研究方向的问题，它们对相关领域的发展起了很大的推动作用。剩下第八和第十六两个问题至今都没能解决。第十六问题在50年代末本以为被苏联科学院院士彼得罗夫斯基（I. G. Petrovsky，1901—1973）和兰迪斯（E. M. Landis，1921—1997）解决了，但后来却发现他们的证明有漏洞。1980年，当时还是中国科技大学研究生的史松龄更举出了一个反例，彻底推翻了彼得罗夫斯基和兰迪斯的证明。

2000年，仿照100年前的国际数学家大会，美国克雷数学研究所（Clay Mathematics Institute）邀请了世界上的一些顶级数学家聚集巴黎，在会议上公布了七个对新世纪的数学发展具有重大意义的难题（千禧年大奖难题），并为每个难题的解决设定了100万美元的奖金。希尔伯特第八问题——黎曼假说又被列入其中。不知何年何月黎曼假说才能被最终证明，以慰希尔伯特在天之灵。

信息、熵与黑洞

当今世界，信息已经成为我们日常生活中不可或缺的一部分。信息的存在性是毋庸置疑的，但它又不是一般意义下的实体。如何从物理学的角度给信息下一个定义，这件事着实让物理学家、数学家和计算机学家们颇费了一番斟酌。人们最后是从信息的存储入手，将信息"实体化"的。一条信息不论是记忆在人的大脑里，还是记录在书本上，或是存储在计算机中，总之它都必须依附于某个物质的实体。没有承载信息的实体，信息就无法存在。这就提出了一个非常有意思的问题：对于一个给定大小的空间，能够存储于其中的信息是否有一个极限？如果有，这个极限是多少？如何计算？要回答这个问题，首先需要把信息"数量化"。这倒不难，因为任何一条信息都可以被等价于一组特定的 0/1 的组合，就像存储于计算机里的数据一样。所以构成信息的最小单位就是 0/1，称作位元（或比特）。这样一来，上面的问题就简化为"对于一个给定大小的空间，最多有多少个位元能够存储于其中"。

要回答这个问题，需要借助一个十分重要也非常有趣

克劳德·香农

的物理量——熵。熵是用来衡量一个系统有序与无序程度的量，熵越大，系统就越无序（通俗地说，就是越乱）。熵本身是一个宏观物理量，但描述的却是一个系统微观的有序、无序程度。如果把你的卧室看作一个宏观系统，卧室里的床、椅、鞋、袜等等则是构成这个系统的微观元素，卧室里面越乱，它的熵就越大。从在物理学中占有重要地位的热力学第二定律出发，可以得出熵增加原理：一个孤立系统（即与外界没有能量交换的系统）的熵是永不减少的。仍以卧室为例，如果没有任何人花力气去整理它（在这里"整理"可以被看作从外界输入能量），从某种意义上说这个卧室就可以被看成一个孤立系统，它的熵就永远不会减少，即只可能变得越来越乱。

信息论之父香农（Claude Shannon，1916—2001）于1948年发表的论文《通信的数学理论》被视为现代信息论研究的开山之作，在该文中他首次提出了信息熵的概念。信息熵描述的是随机变量的不确定性，也就是不可预测性。它不但在数学表达形式上与物理熵一致，在实质上也与物理熵有着紧密的联系。不难想象，一个系统越无序，对它就越难准确描述，当然也就越不可预测。两间放有相同东西的房间，比如说里面都有10本杂志，一间很乱（物理熵高），杂志东一本西一本，床上、地上哪儿都有。一间很整齐（物理熵低），所有的杂志都摞在床头柜上。如果有人进来随手拿起一本杂志向某个方向胡乱一扔（杂志位置变动的信息），对前者来说，几乎无法判断出房间里面有什么变化（难以得到信息），而对后者，变化则是一目了然的（容易得到信息）。

信息与熵的关联是比较显而易见的，但信息与黑洞之间能有什么联系呢？在回答这个问题之前，让我们先来看看黑洞的一些重要性质。

黑洞最初是被作为广义相对论的一个数学结论而提出。它的发现本身就颇有戏剧性。爱因斯坦在1915年提出广义相对论的引力场方程，这个非线性的方程是广义相对论的核心，但在数学上却很难解。在广义相对论发表之初，那些引起举世轰动的预测，都是爱因斯坦在对该方程进行了一些计算之后才最终得到的。然而就在引力场方程刚刚问世之后不久，极具天才的天体物理学家史瓦西（Karl

Schwarzschild，1873—1916）就得到了第一个精确解。史瓦西出生于德国法兰克福，16 岁时就发表了一篇关于行星轨道的论文。他在斯特拉斯堡与慕尼黑大学求学，1896 年获得博士学位，1912 年成为普鲁士科学院的会员。1914 年第一次世界大战爆发，尽管已年过四十，他居然投笔从戎参加了德军，并成了一名炮兵上尉。1915 年在俄国前线的战壕里，他写了一篇关于相对论的重要论文（完成于 1916 年初），得到了一般性引力理论方程的第一组精确解。其中一个解是关于"非转动性、球对称的天体"，另外一个解的对象则是关于在真空中任意质量的星体周围的空间特性。正是这第二个解奠定了经典黑洞研究的基础，在天体物理学和宇宙学中具有里程碑的意义。他把论文寄给了爱因斯坦，并由爱因斯坦协助发表在普鲁士科学院会刊上。然而当论文发表时，史瓦西已经因病去世了。

史瓦西的经典黑洞的结构其实十分简单。它有一个边界（事件视界），包括光在内的任何东西一旦越过了事件视界就有去无回，从那一瞬间起，它们与外界就断绝了所有的联系，当然也无法与外界交换信息。事件视界的大小（也就是我们通常说的黑洞的大小）由黑洞的质量决定。事件视界并不是实体，在那儿其实什么都没有，它只是代表有去无回的分界线。黑洞的中心是一个密度无限大的"奇点"，任何掉进黑洞的物体最后都会消失于这个"奇点"。在"奇点"与事件视界之间也是什么都没有。事件视界具有很奇特的性质：对于一个被吸入黑洞的物体，当它穿过事件视界时，不同的观测者会看到完全不同的现象。在一艘飞船被吸入黑洞的过程中，如果让它每秒钟都发出一次无线电信号，在外界的观测者看来，飞船越靠近事件视界，信号到达的间隔会变得越长，当它穿过事件视界时，信号就再也收不到了——飞船彻底消失了。但是对飞船里的观测者，飞船穿过事件视界时，任何特殊的事情都不会发生，真正的毁灭只发生于飞船到达"奇点"的那一瞬间。

在我们的宇宙里，天文学家已经观测到了各式各样的黑洞。银河系的中心就是一个非常巨大的黑洞。通常当一颗质量很大的恒星将它可以用来进行核聚变的物质消耗殆尽时，就会发生由引力引起的"坍塌"，恒星的密度会变得极大而形成黑洞。

黑洞在物理学中从来就是一个"麻烦制造者"。让我们来做一个想象中的实验：划定一个半径为一米的球形区域，然后不断往里面扔书、手机、电脑等等，这些东西都带有一定数量的信息（当然也都有一定数量的熵）。假设我们有办法控制这个区域使其不能增大，随着越来越多的东西被扔进去，该区域中物质的密度就会越来越大。当密度最终达到一个临界值，这个区域就将成为一个黑洞。此后再往里面扔东西，就无论如何也没办法保持区域不增大了，因为黑洞的半径与它的质量成正比。由于任何东西都不可能从黑洞里逃出来，所以这部分信息也就再也不能为外界所知了。更糟糕的是，经典黑洞是没有温度的，没有温度的物体的熵是零，而熵是零意味着信息不存在。也就是说，经典黑洞会让宇宙的熵减少（这与热力学第二定律相悖）并使信息消失。这就在理论上产生了极大的危机。我们都知道能量守恒是物理世界的根本定律之一，能量可以传输、转换，但不能消失。信息也一样，可以传输、转换，甚至被掩盖、隐藏，但不能彻底消失。也许有人会想，如果把一本书烧了，书里记载的信息难道不是消失了吗？表面看来似乎是这样，但深一层想，所谓书和书里的字说到底其实就是许多原子按特定顺序排列组合而成。烧书的过程不外乎就是将这些原子的顺序打乱的过程。如果有极为精准的仪器能够追踪、捕捉所有这些四散而去的原子，原则上就可以再把它们都"放"回原处，从而将书复原。这意味着书虽然烧了，但书里的信息并未毁灭，只是被那些四散而去的原子携带走了。

第一个在黑洞熵的研究上获得实质性突破的，是柏肯斯坦（Bekenstein）。他那时还在普林斯顿大学读研究生（1973 年），师从大名鼎鼎的惠勒（John Wheeler，1911—2008，黑洞这个名词就是他创造的）。柏肯斯坦基本上凭的是物理直觉和唯象的分析，他虽然得到了一个重要结论——黑洞的熵与黑洞的表面积成正比，却没能计算出正确的比例常数。由于柏肯斯坦的结论缺少坚实的理论基础，当时没有引起太多人的重视。直到霍金（Stephen Hawking）于 1974 年非常巧妙地将量子效应应用于黑洞的研究，得出了黑洞具有温度的重要结论，才彻底解决了物理学上的这一"危机"。

在量子理论中，真空并不是真的什么都没有，而是不断有正粒子和反粒子对（比如电子和正电子）在生成和湮灭。只是这个过程极为短暂，从宏观上看就像什么都没发生一样。但如果正—反粒子对恰好是在黑洞的事件视界上生成，情况就会大不一样。黑洞会"优先"将反粒子吸入，而正粒子则飞向外界。于是从外界看起来，黑洞就像一个生成源，会辐射正粒子。另一方面，由于反粒子带有负能量，吸入反粒子会使黑洞的能量减少，再通过著名的 $E=mc^2$，就意味着黑洞的质量会变小。此一过程在整体上看就像黑洞会辐射粒子并逐渐缩小，换句话说就是黑洞会蒸发。这个结论在物理界引起极大的轰动，被命名为霍金蒸发。能够辐射的物体就有温度，也就允许有熵。以霍金蒸发为基础，不但可以导致柏肯斯坦的结论，而且能计算出黑洞熵与黑洞表面积之间的正确的比例常数。

在霍金的论文发表后，黑洞具有熵已成为不争的事实。但是黑洞是否会吞噬信息的问题还远没有解决。霍金和卡特尔（Carter）等人在1973年曾严格证明了"黑洞无毛定理"："无论什么样的黑洞，其最终性质仅由几个物理量（质量、角动量、电荷）唯一确定。"即当黑洞形成之后，只剩下这三个不能变为电磁辐射的守恒量，其他一切信息（"毛发"）都丧失了，黑洞几乎没有形成它的物质所具有的任何复杂性质，对前身物质的形状或成分都没有记忆。也就是说黑洞虽然有熵，但被带入的信息终究还是被毁灭了，即使从理论上讲也无法"复原"。霍金的

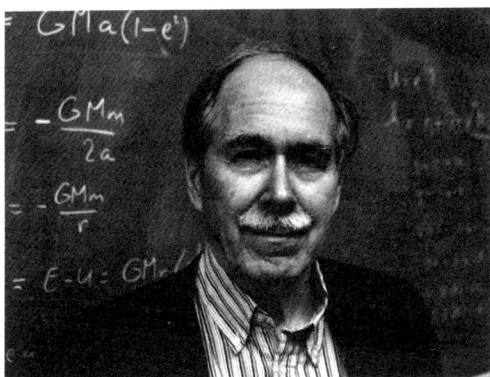

特霍夫特

这一观点当时被物理界的绝大多数人所接受，只有特霍夫特（Gerard't Hooft，获 1999 年诺贝尔物理奖）和沙氏金（Leonard Susskind）等少数几个人提出质疑。他们认为信息和能量一样是不可毁灭的，即使黑洞也不能让信息消失。

特霍夫特是一个很有想象力的人，他在 1993 年猜测，信息并没有被黑洞吞噬，而是像熵一样"留"在了黑洞的表面。这是一种全息效应，与我们通常说的全息摄影的原理颇为相似：将描述一个三维空间物体的全部信息存储在一个二维的表面上。1994 年沙氏金把这个猜测提升为全息原理，它不但适用于黑洞，对任何给定的空间，其内的所有信息都可以由边界面上的信息来完整描述。推而广之，宇宙中的所有信息全都反映在宇宙的边界上。沙氏金甚至认为真实的物理实际是在边界的表面上，我们生活的三维空间不过是全息影像而已。这个原理实在有点太过玄乎，所以尽管沙氏金提供了一些直观的论证，特霍夫特也曾尝试通过建构某种模型来支持该原理，但开始时基本上没什么人相信。霍金等人还从理论上对全息原理提出了强烈质疑。直到1997年年底，智利物理学家马德西纳提出了在超弦理论研究中占重要地位的马德西纳猜想，情况才发生了根本的变化。马德西纳猜想大体上是说描述某种较高维空间的物理性质的弦论可以等价为低一维的空间中的量子场论，也就是在空间与包围它的表面之间建立起了某种对偶关系。这个猜想虽然还没有被完整证明，但已在弦论研究的很多方面得到了验证，今天几乎没有人怀疑它的正确性。马德西纳猜想为全息原理奠定了一个坚实的理论基础，沙氏金最终利用超弦理论得以回答本文最开始提出的问题。他的结论是：在一个给定大小的空间中，能够存储于其内的信息确实是有限的，这个极限就是该空间的表面面积除以普朗克面积（普朗克长度约为 1.6×10^{-35} 米，普朗克面积则约为 2.6×10^{-70} 平方米）。值得注意的是，该极限是与给定空间的表面积成正比，而不是像通常直观想象的那样与其体积成正比。以一个半径为一米的球体为例，其表面积大约为12平方米，可存于其内的信息的极限差不多是 4×10^{70} 个位元。这是一个理论上存在，实际上可能永远接近不了的极限。

反物质之谜

1908 年 6 月 30 日早晨 7 点 17 分，在俄罗斯荒凉的西伯利亚通古斯地区发生了一次巨大的爆炸。爆炸的火球让天空中的太阳都显得暗淡无光，2000 平方公里的森林被烧掉，几千棵大树被连根拔起。附近仅有的几栋农舍全遭摧毁，里面的银器都因高温而熔化了。据估计，这次爆炸的威力相当于摧毁广岛的原子弹的 1000 倍！幸好爆炸地点非常偏远，离最近的城市也有 800 公里之遥，因而没有造成太大的损失。至于爆炸的原因则众说纷纭，被比较普遍接受的观点是来自外太空的巨大陨石的撞击所引起。但是这种解释有一个问题，陨石撞击应该留下一个像月亮上的环形山那样的巨大陨石坑，而在爆炸地点却看不到。1965 年，利比（W. F. Libby，1908—1980，获 1960 年诺贝尔化学奖）、科温（Clyde Cowan，1919—1974，本应获得诺贝尔物理奖，由于早逝而未能得到）和阿特勒瑞（C. R. Atluri）在英国《自然》杂志上发表了一篇论文，提出一个全新的观点——通古斯大爆炸是由外太空来的反物质引起的。反物质是什么？这必须从狄拉克和他的相对论量子力学说起。

狄拉克

狄拉克（Paul Dirac，1902—1984）是 20 世纪最伟大的物理学家之一。他恐怕还不仅是一般意义上的天才，他对物理的洞察力让同时代的其他天才都自叹弗如。就连量子力学的奠基人之一，当时在物理界如日中天的海森堡（Werner Heisenberg，1901—1976，获 1932 年诺贝尔物理学奖）都对他退避三舍。在一封给泡利（W. E. Pauli，1900—1958，获 1945 年诺贝尔物理学奖）的信里海森堡说："为了不持续地被狄拉克所烦扰，我换了一个题目做，得到了一些成果。"言下之意是他不愿意和狄拉克在同一问题上竞争。然而狄拉克对这些似乎并不自知，即使知道了大概也不会当回事。对于出名，狄拉克是避之唯恐不及。1933 年，当他得知自己获得诺贝尔物理学奖后，曾对核物理之父卢瑟福（Ernest Rutherford，1871—1937，获 1908 年诺贝尔化学奖）表示他不想出名，想拒绝这个荣誉。不过，卢瑟福的劝说很具说服力，"如果你真这样做，你会更出名，人家更要来麻烦你"。为了不至"更出名"，他只好乖乖地去领奖。狄拉克还有一大特点，就是潜心学问，一向少言寡语。据说有一次他出席剑桥大学的一个宴会，正好坐在同样沉默寡言的小说家福斯特（E. M. Forster，1879—1970）旁边，在长时间无言以对之后，狄拉克终于转过头问了一句："山洞里发生了什么？"意指福斯特的小说《印度之旅》中的某个情节。福斯特良久没有答话，直到宴会即将结束、甜点上桌时，他才蹦出一句："我不知道。"

狄拉克原本是学数学的，有一次偶然选了一门由一位哲学教授讲的关于爱因斯坦相对论的课，尽管从课堂上没学到多少东西，却把他的兴趣从数学引向了物理。他立即决定申请到著名的剑桥大学的研究生院去学物理。在剑桥，狄拉克学习了量子论创始人玻尔（Niels Bohr，1885—1962，获1922年诺贝尔物理学奖）的原子理论之后，一个奇妙的想法让他如醉如痴：将狭义相对论与量子论结合在一起，从而获得对微观粒子的性质更准确、更完美的描述。相对论和量子论是近代物理学的两大基石。狭义相对论主要是描述宏观世界中空间与时间的关系及物体高速运动时的规律的理论。量子论则是研究微观世界里物理现象的理论。要把两者结合到一起可不是一件容易的事。狄拉克每天花大量的时间一边散步一边沉思，夜深人静时再在纸上演算和推导。可是在很长一段时间里，他的研究毫无进展，作为出发点的克莱因—戈登方程总是把他领入死胡同。终于有一天，在 1928 年一个寒冷的夜晚，当他坐在剑桥圣约翰学院一间酒吧的壁炉前冥思苦想时，突然灵光一闪（也许这就是禅宗所谓的顿悟吧）明白了问题的症结所在——克莱因—戈登方程中与时间相关的部分是不正确的。于是，著名的狄拉克方程诞生了！这个方程不但在物理学里占有极重要的地位，对化学以及很多如今被广泛应用的新技术（例如医院里通用的核磁共振成像技术）都有着不可估量的影响。按杨振宁的说法，狄拉克方程"是惊天动地的成就，是划时代的里程碑"。

当狄拉克将他的著名方程应用到电子上时，他很快就发现了一个令人惊讶的事实：在方程的解里面，不但有准确描述电子特性的解，同时还存在对应于负能量状态的解！我们都知道在现实世界里能量只可能是正的。面对类似情况，一般的物理学家可能会怀疑方程本身有误，或认为这些负能解只是一种纯数学的非物理解而不去管它。但狄拉克不是一般的物理学家，在判断一个物理理论是否正确的标准上，他和爱因斯坦是一党，他们都以理论优雅（elegance）与否为最高准则。28 岁就成为苏联科学院院士的伽莫夫（Geoge Gamov，1904—1968）半开玩笑地总结了他们这一派人所信奉的四大信条：一、如果一个优雅的理论与实验相符，其正确性毋庸置疑；二、如果一个优雅的理论与实验不符，实验肯定是错的（海森堡公理）；三、如果一个不优雅的理论与实验不符，事情则还有可为——通过改进理论有可能使它与实验相符（玻尔修正案）；四、如果一个不优雅的理论与实验相符，事情就没指望了（伽莫夫观念）。什么样的理论是优雅的呢？按爱因斯坦的说法，这理论应该"尽可能地简单，但却不能再行简化"。狄拉克方程是非常优雅的，因而狄拉克对它的正确性绝对有信心，同时他也相信负能量解一定有它的深刻含义。经过缜密的思考，他于 1931 年断言负能量解实际上对应的是与电子相反的另一种粒子。他将其称为空穴，负能量的空穴在现实世界里看起来就是具有正能量的反粒子。电子带负电荷，与电子对应的反粒子就应该带有数量相等的正电荷。刚开始，狄拉克以为质子（构成原子核的基本粒子之一）就是电子的反粒子，不过他很快就意识到虽然质子带有数量与电子相等的正电荷，但质子的质量比电子大太多，因而它们不可能是一对粒子—反粒子。他最后的结论是一定存在一种电荷与电子相反、质量与电子相同的新粒子——反电子（后来被更名为正电子）。这个大胆的预言立刻在物理界掀起了轩然大波，大多数人都抱持怀疑态度，甚至有人将反粒子理论作为开玩笑和嘲弄的对象。可出乎所有人的意料，仅仅一年之后安德森（C. D. Anderson, 1905—1991，获 1936 年诺贝尔物理学奖）就在研究宇宙线（从外太空来的高能粒子）时发现了正电子！从此人们开始接受反物质的存在。狄拉克后来又进一步预言所有的基本粒子都有与它们对应的反粒子，比如有质子就应该存在反质子。反质子果然在 1955 年被塞格雷（Emilio Segre, 1905—1989）和张伯伦（Owen Chamberlain, 1920—2006）发现，这为他们赢得了 1959 年的诺贝尔物理学奖。

当反物质遇到物质，比如正电子遇到电子，它们就会湮灭并释放出能量。根据爱因斯坦的著名公式 $E=mc^2$，即使质量 m 很小，由于光速 c 的数值很大，释放出的能量 E 也是极为可观的。这就是前面提到的利比等人用反物质来解释通古斯大爆炸的理论基础。

认识到反物质的存在，使人们对物理世界的了解向前跨出了一大步。杨振宁曾把狄拉克这一大胆的、独创性的预言比之为负数的首次引入，"负数的引入扩大并改善了我们对于整数的理解，它为整个数学奠定了基础，狄拉克的预言扩大了我们对于场论的理解，奠定了量子电动场论的基础"。但是有一件事始终令物理学家们疑惑不解：按照当下流行的大爆炸宇宙论（宇宙是由一个致密炽热的奇点于150亿年前一次大爆炸后膨胀形成的），宇宙生成之初物质和反物质应是对称的，简单说就是物质和反物质的数量在开始时应该一样多。为什么我们看到的宇宙却是一个只有物质的宇宙？反物质都跑到哪里去了？于是就有了各种各样试图解释这个现象的理论。

理论之一是，在大爆炸产生了我们所在的以物质为主的宇宙时，也同时产生了一个对应的以反物质为主的反宇宙。这个理论基本上是无法验证的，因为宇宙和反宇宙是不连通的。如果一定要找到某种连通的途径，只能是通过更高维的空间（我们生活在三维空间中）或玄之又玄的所谓"虫洞"。这些东西实在有点太过玄妙，在这里不谈也罢。

另一个理论认为可能存在与物质的星云、星系等等相对应的反物质的星云、星系，它们共存于同一个宇宙中，由于相隔遥远，所以不会撞到一起而湮灭。如果真是那样，一些来自"反世界"的反原子核就有可能飞到地球来。这些反原子核一旦与大气层遭遇就会湮灭，所以要想探测到它们，只可能在大气层的边缘或之外。斯穆特（G. F. Smoot III, 1945—，获2006年诺贝尔物理学奖）和他的同事们曾经用巨形气球把探测反原子核的实验装置升到大气层的边缘，经过几年的持续观测，他们只测到了一次像是反氧原子核的实例。在运用复杂的统计方法进行分析之后，他们得出这个观测结果的可信度为75%。可惜由于这只是一个再也没能被重复的孤立事件，斯穆特等人无法据此达成任何定论。

按照计划，明年（2012年）2月27日美国的"奋进"号航天飞机将把由著名华裔物理学家丁肇中（1936—，获1976年诺贝尔物理学奖）主导研制的阿尔法磁谱仪（AMS-02）送到国际空间站。阿尔法磁谱仪的建造花了15亿美元，历时16年。它的两个主要目的之一就是探测反粒子（另一个是探测暗物质）。阿尔法磁谱仪比斯穆特的装置不知要先进多少倍。而对探测反粒子来说，空间站的环境比大气层的边缘又要理想很多倍。这两项因素加在一起，使物理学家们对它抱有很大期望。

对于反物质，目前比较通行的理论（严格说只能算是一种看法）认为，宇宙生成时物质和反物质确实是对称的，但由于我们目前还不知道的机制，在宇宙发展的过程中，反物质统统消失了，只剩下了物质。欧洲核子研究组织的大型强子对撞器（简称LHC）专门设计了一个装置LHCb（LHC的四个探测器之一），希望在不久的将来能解答有关反物质的这个关键问题：在宇宙生成之初，反物质与物质是否真的有足够的不同，而让物质在某个时间开始赢得了主导权并形成我们今天看到的宇宙。LHC是集二十余国之力、耗时十多年、投资超过一百亿美元建造起来的世界上最大的粒子加速器，可以说是有史以来最庞大、最复杂的超级实验装置。它的主加速环就有将近27公里长，开动时，其耗电量相当于一座中等规模的城市。LHC在2008年开始运转，预计将于2013年达到最高设计能量。到那时，两束被加速到99.9999991%光速的质子将迎头对撞，在瞬间产生出巨大的能量和极高的温度，使人们能看到相当于宇宙处于最初（即大爆炸开始后）两百万亿分之一（5×10^{-15}）秒时的状态。如果那时观察到物质与反物质是对称的，并且追踪到其后物质如何"战胜"反物质，物质—反物质之谜就能被彻底解开了。相反，如果观察到物质与反物质是不对称的，那就有两种可能：其一是物质与反物质处于对称状态的时间比两百万亿分之一秒更早，这就需要造更大的粒子加速器来验证。其二是目前的大爆炸宇宙论有缺陷，需要物理学家们来进一步完善它（当然，也没准得彻底推倒重来）。究竟会发生什么样的情况，只有待到2013年见分晓了。

佩雷尔曼与庞加莱猜想

2000年，美国克雷数学研究所（Clay Mathematics Institute，CMI）邀集了世界上的一些顶级数学家，共同拟定出7个对二十一世纪的数学发展具有重大意义的难题（千禧年大奖难题），并为每个难题的解决设定了100万美元的奖金。庞加莱猜想是这7个难题之一，也是迄今为止其中唯一得到解答的问题。

庞加莱猜想在拓扑学中占有举足轻重的地位。什么是拓扑学？简单地说，拓扑学就是研究有形的物体在连续变换下，怎样还能保持性质不变的学问。比如，把面团揉成一个圆球（其表面叫做球面），或压扁成一个烧饼，或拉成一根面条，它们的几何形状是完全不一样的，可它们的拓扑性质却相同（拓扑等价）。但如果在烧饼上挖个洞，变成一个甜甜圈（其表面叫做环面），则拓扑性质就变了。为了研究高维空间中曲面之间拓扑性质的异同，庞加莱（Henri Poincaré，1854—1912，法国数学家）在1904年提出了他著名的猜想，这个猜想最初是关于四维空间中的三维曲面的（我们生活在三维空间，皮球或甜甜圈的表面则是二维曲面），后来被推广到更高维空间中的曲面。非专业人士很难明白庞加莱猜想到底说的是什么，不过我们可以在三维空间中作一个粗略的类比，这样也能大概了解一点它的意思：如果在球面（或任何与球面拓扑等价的曲面）上任意画一个封闭的圈，然后让这个圈不断缩小，它最终一定会缩成一个点。直观上很容易看出，不管是圆球还是烧饼，在其表面上画一个封闭的圈，令其不断缩小，它显然会缩到一个点。但如果围着甜甜圈的洞画一个封闭的圈，由于洞的存在，这个圈是缩不到一个点的。因而我们说球面和环面具有不同的拓扑性质。

庞加莱猜想在直观上看起来似乎一目了然，但在数学上要证明它却难上加难。法国数学大师阿兰·科纳（Alain Connes）在提到包括庞加莱猜想在内的7大千禧年难题时说："正是这些极为困难的难题让数学更具价值，它们就像数学领域里的珠穆朗玛峰或喜马拉雅山，到达顶峰是极难的——为此我们甚至可能付出一生的代价。但是一旦登上顶峰，看到的景色则将奇妙无比。"

从1904年庞加莱猜想提出后，在将近一百年的时间里，有很多顶尖的数学家在其上倾注了无数心血。直到2002年11月至2003年7月间，俄罗斯数学家格里戈里·佩雷尔曼（Grigori Perelman）在互联网上连续发表了三篇论文预印本，才最终给出了完整的证明。2006年，数学界最终确认佩雷尔曼的证明解决了庞加莱猜想。同年，第25届国际数学家大会决定将菲尔兹奖（这个奖通常被认为是数学界的诺贝尔奖）授予佩雷尔曼，但佩雷尔曼拒绝接

格里戈里·佩雷尔曼

受该奖，也拒绝出席大会。单凭拒领菲尔兹奖这一点，就可以说佩雷尔曼是个大怪人。但他的怪还远远不止于此。自从他在互联网上发表了那三篇论文，很多世界顶尖大学（例如普林斯顿大学、麻省理工学院、斯坦福大学等等）为他提供对常人来说极具吸引力的职位，希望他能去工作，而他或者粗鲁地加以拒绝，或者根本不予理睬。2005年年底，不知由于什么原因，他又突然辞掉了在俄罗斯斯捷克洛夫（Steklov）数学研究所的工作。之后住在他母亲位于彼得堡的公寓里，两人以他母亲的退休金和他在美国做博士后时积攒下的一点钱为生，过着一种与世隔绝的生活。他不但从学术界消失，而且从社会上消失。有人曾试图打电话给他，得到的回答竟是"佩雷尔曼已经死了"。至于那

100万美元的千禧年大奖，佩雷尔曼也曾宣称不会接受。

说起决定颁发千禧年大奖给佩雷尔曼，还有个小小的插曲。本来获奖资格的规定中有一条：难题的解答必须发表在相关的学术刊物上。佩雷尔曼的三篇论文只在互联网上发表过，而从未刊载于任何数学期刊。更有甚者，他还拒绝审阅任何解释、补充他的想法的论文。不过经慎重研究后，评审委员会最终还是决定佩雷尔曼有资格获奖。千禧年大奖的颁奖大会定于2010年6月召开。据美联社3月29日的消息，佩雷尔曼对是否接受该奖似乎有所松动，他中学时期的数学老师谢尔盖·儒克辛（Sergei Rukshin）透露，佩雷尔曼目前尚未最后决定是否要去领奖。这100万美元奖金能不能给出去，谜底最终将在6月揭晓。

佩雷尔曼为什么能攻克庞加莱猜想这一难题，又为什么会在行为上如此异于常人？最近俄罗斯女作家玛莎·格森（Masha Gessen）专门写了一本书《完美的严格》（*Perfect Rigor*）来探讨这些问题。格森在青少年时期有着与佩雷尔曼颇为相似的生活环境，她不仅和佩雷尔曼一样是犹太裔，并且都是从小在数学俱乐部（相当于我们的奥数训练中心）里受训的数学才子、才女。这无疑为她研究佩雷尔曼提供了比较有利的条件。她采访了许多与佩雷尔曼有过接触的人，试图以"农村包围城市"的办法对他进行全面的了解。在她的书里有不少很有意思的故事。

一般来讲，数学家的思维方式分成两大类：代数型与几何型。在面对数学问题时，代数型的人往往将问题转化成数字或方程式来进行思考，而几何型的人则把问题转化成图形来进行思考。有意思的是，通过采访佩雷尔曼的众多同学，格森发现他似乎是个异类。与佩雷尔曼同窗长达十年的戈诺瓦洛夫（Golovanov）是典型的代数型，他很肯定地说佩雷尔曼是几何型的，理由是佩雷尔曼解一道几何题所用的时间仅够他看明白这道题说的是什么。而几何型的苏达科夫（Sudakov）却一口咬定佩雷尔曼是代数型的，因为在他们共同训练和比赛的六年多里，两人对同一数学问题的思考过程及解决方法几乎毫无共同之处。总之，佩雷尔曼的思维方式对很多人而言都是一个谜。面对一道道难题，他通常连纸笔都不用，整个运算全在脑子里进行，然后将答案准确无误地写出来，就像一台解题机器。

佩雷尔曼从小在解数学题时就追求完美和严格，有时候甚至显得有些迂。在全国数学奥林匹克选拔赛（前六名可获得代表苏联参加国际数学奥林匹克大赛的资格）上，每名参赛者先拿到一道题，做完后需举手示意，然后会被带到另一间屋子里向两位教授解释他的答案，如果正确，就能拿到下一题，否则只能继续做原来的题。佩雷尔曼在解释了他的一道题之后，教授们表示答案正确，让他回去做下一题，可他居然揪住教授的衣服不放，说这道题还有其他三个解，非要教授们听他讲完另外的解不可！参加过数学比赛的人都知道，多几分钟往往就可能决定胜负，而佩雷尔曼显然认为完美和严格比胜负更重要。

在前苏联，犹太人一直遭遇某种程度的歧视，特别是在升学与就业等方面经常受到不公平的对待。例如著名的列宁格勒大学数学力学系就规定每年只能录取两名犹太裔的学生，甚至有的人只因名字像犹太人而被拒之门外。佩雷尔曼虽然是犹太人，但在他成长的过程中却从未感受到这类歧视。几位对他的数学天赋极为赏识的老师努力为他搭建了一层保护网，使他不必直接面对社会的丑恶，并能充分自由地发展其数学才能。其中最重要的一个人是谢尔盖·儒克辛。佩雷尔曼五年级时进入儒克辛当教练的列宁格勒（现在的彼得堡）先锋宫数学俱乐部。那时儒克辛也不过才 19 岁，还在大学里读书，是兼职教练。这个数学俱乐部在儒克辛领导下，在其后的半个多世纪里为苏联 / 俄罗斯赢得了七十多枚国际数学奥林匹克奖章（其中包括四十多枚金质奖章）。作为俄罗斯最有成就的数学竞赛教练，儒克辛发现人才的"嗅觉"是极为灵敏的。佩雷尔曼刚进先锋宫数学俱乐部的头几年，从比赛成绩上看，并不是最拔尖的。可儒克辛几乎在第一时间就认定他是真正的天才，前途无可限量。从佩雷尔曼一进入俱乐部，儒克辛就开始了塑造天才的工程。他不但要将佩雷尔曼培养成顶尖的数学竞赛高手，而且要为其铺设一条通往列宁格勒大学数学力学系的最保险的道路——拿下国际数学奥林匹克奖章（苏联规定凡获奖者不论族裔可以免试进入苏联的任何一所大学）。儒克辛对佩雷尔曼的塑造远不止于数学方面，还包括欣赏古典音乐、诗歌，教他英语，甚至让他放弃练了多年的小提琴而改习声乐。为了创造一个最佳的学习环境，儒克辛说服 239 中学（列宁格勒最著名的明星中学）的校长，让佩雷尔曼那一届的数学俱乐部成员集体进入该校就读。佩雷尔曼也不负所望，一路过关斩将以满分的成绩拿下 1982 年国际数学奥林匹克金奖，顺利进入列宁格勒大学数学力学系。

佩雷尔曼一路走来都有"贵人"相助。除了儒克辛，赛格勒（Zalgaller，佩雷尔曼大学时的导师）培养了他解决问题的技巧并把他引荐给了亚历山德罗夫和博瑞古（Burago，佩雷尔曼的博士论文导师）；亚历山德罗夫一手将他送入研究生院；博瑞古则把他介绍给在国际数学界享有很高声望的格罗莫夫（Gromov）；格罗莫夫最终把他推向了世界。这些人都遵循了一条培养天才的重要原则：尽可能地保证其自由发展的空间。其中一个关键人物是亚历山德罗夫，他曾任列宁格勒大学校长，是苏联著名的数学家和物理学家，科学院资深院士。没有他的鼎力相助，犹太裔的佩雷尔曼是很难进入顶尖的斯捷克洛夫数学研究所读博士研究生的。

佩雷尔曼在取得博士学位时就已经崭露头角，发表了一系列高水平的论文。在格罗莫夫的推荐下，他又去美国纽约大学和纽约州立大学石溪分校进行了一年多的博士后研究。这期间，他在研究亚历山德罗夫空间方面取得了突破性的进展，从而成为数学界的一颗新星。1995 年佩雷尔曼返回俄罗斯。由于苏联解体，那时的斯捷克洛夫数学研究所已经陷于半瘫痪状态，工资少得可怜，研究人员很少去上班，想干什么就可以干什么。佩雷尔曼却正好得其所哉，他终于可以摆脱所有以前不得不面对的干扰——比赛、考试、论文、教课而全身心地投入到数学王国之中了。从1995—2002这七年间，没人知道也没人过问他在干什么，直到他突然在互联网上发表了那篇震惊数学界的文章。由于圈内人都知道他在数学问题上从不犯错，这篇文章立即引起了同行们的高度重视。麻省理工学院和纽约州立大学石溪分校马上邀请他到两处各办两星期的讲习班，专门研讨那篇文章。在美国期间，许多著名大学许诺给他极为优厚的待遇，希望能把他挖过去，可他均不屑一顾。回俄罗斯后，他依旧独往独来。直到2005年12月的一天，他走进所长办公室，很平静地说："我对这里的人并不反感，不过也没有朋友。总之，我对数学感到失望，想去做点别的事情。我辞职了。"没人确切知道是什么原因使他"对数学感到失望"。可能是攀上高峰后对数学感到了厌倦？抑或是对数学界中显现出的商业气息越来越无法接受？还是像格森推断的那样——他可能患有亚斯伯格症（一种没有智能障碍的自闭症）？反正他与数学（实际上也与整个社会）分道扬镳了。

我倒是觉得有一种解释可能更说得通：在数学世界里，对就是对，错就是错，绝没有什么似是而非的灰色地带。佩雷尔曼长期埋头于这样一个世界里，使他形成了一种非黑即白的价值判定观，因而容不得半点虚假——不仅对数学而且对社会。格森的书里有不少这方面的例子：仅仅因为一条脚注就和自己的恩师博瑞古（佩雷尔曼毕业后一直在他的研究室工作，并合作发表过很重要的文章）彻底闹翻；为了研究所把一点结余的科研经费加到他的工资里而大发雷霆……总而言之，当他的那些保护神们不再能替他遮风挡雨时，面对社会中众多他无法接受的现实（其中很多在常人看来也许是很自然的），他选择了最容易的对策——逃避。

佩雷尔曼的故事也让我想起上大学时几个颇有天赋的同学。其一是我刚进中国科技大学 78 级时的同班同学，他当时是少年班出来的年龄最小的学生、全国闻名的"神童"。可大学毕业后一直不顺，听说几年前出家当了和尚。另一位是我跳级到 77 级之后一直很要好的同班同学，也是出自少年班。他 1981 年考上科学院理论物理所的研究生，却处不好与导师的关系。后来到美国一所不是很有名的大学读书，可能是觉得怀才不遇，心情不好，以致患了臆病，总觉得美国联邦调查局在盯着他。最后连学业也无法顺利完成。佩雷尔曼和我的这些同学在融入社会这类问题上应该算是失败者。在现实生活中，他们的命运，大概都属于天才的悲剧，不同之处仅在成名与否而已。

生为"神童"、天才，幸耶？不幸耶？真是难说得很。

暗物质与薇拉·鲁宾

2011年诺贝尔物理学奖被授予三名天体物理学家：保穆特（S. Perlmutter）、施密特（B. P. Schmidt）和里斯（A. G. Riess），以表彰他们发现宇宙正在加速膨胀、从而证实暗能量的存在。这个消息刚一公布，就有好几个人撰文为暗物质的发现者著名天文学家薇拉·鲁宾（Vera Rubin）抱不平，认为暗物质的意义并不亚于暗能量，薇拉·鲁宾不应成为诺贝尔奖的遗珠。

薇拉生于1928年。在她还是个小女孩的时候，就对天上的星星情有独钟。她卧室的窗户朝向正北，在夜里，她经常不睡觉，躺在床上睁大了眼睛凝望着夜空，一看就是几个小时。她把流星的轨迹、星星的位置默记下来，第二天起床后再绘制到笔记本上。日复一日的观察让她发现星星的位置随着季节在不断重复变化，整个星空都在动！她觉得看星星比睡觉有趣多了。

薇拉能在天文学上成就一番事业，与父母从小对她的"纵容"大概也很有关系。她的第一架天文望远镜就是在父亲的协助下用一组邮购来的镜片和硬纸板自制的。其观

薇拉·鲁宾

测效果大概好不到哪儿去，不过它毕竟拉近了星星与她之间的距离。有一次她利用这架自制的天文望远镜拍摄夜晚划过天空的流星，妈妈帮她把底片送去冲印，照相馆的师傅好心提醒说这张底片是坏的，印出来就是一片黑外加一条白道。她的妈妈却坚持要印——只为了不让女儿失望。薇拉十四五岁时开始去华盛顿参加业余天文学爱好者俱乐部每月一次的活动，为了安全起见，她父亲每次都会陪同前往。

据薇拉自己说，她在上中学时就已经决定将来要以天文学为职业。不过她的一些老师却不看好她能在科学领域有什么远大前程，有位老师在她毕业时甚至说："除了科学，你干什么都能干得不错。"这些老师的看法似乎对她并没有产生多大影响。中学毕业后，薇拉进入著名女校瓦瑟学院（Vassar College，现已改为男女混收）学习，她是那届毕业生中唯一一个天文专业的学生。薇拉在瓦瑟学院用三年时间完成了学业，毕业时的第一志愿是进入普林斯顿大学继续读天文学。然而她的申请却如泥牛入海，连封回信也没收到。事后方知普林斯顿的天文专业那时根本不招收女生（这个规矩直到 1972 年才改变）。后来大概是由于她丈夫在康奈尔大学物理系读博士的原因，薇拉谢绝了哈佛大学的入学邀请，最终选择进入康奈尔大学物理系的天文专业攻读硕士学位。那年月康奈尔的天文专业规模很小，没有几位教授，开的课也不多。所以除了天文，她也选了不少物理方面的课，这使她有机会师从费曼（Richard Feynman，1918—1988，获 1965 年诺贝尔物理学奖）、贝特（Hans Bethe，1906—2005，获 1967 年诺贝尔物理学奖）等顶尖的物理学大师。

在薇拉开始考虑硕士论文题目时，她丈夫给了她一篇大爆炸宇宙论的奠基人之一伽莫夫发表在《自然》杂志上的文章《转动的宇宙》。该文引起薇拉很大的兴趣，她决定以宇宙中物质转动的特性作为研究课题。整个宇宙实在太大，有点无从下手，于是她把注意力集中在星系的转动特性上。她收集了 108 个星系的数据，首先将宇宙膨胀的效应扣除，然后把它们的运动方式绘制在一个球面上，希望能从中发现星系中物质运动速度分布的某些规律。这些研究工作为她日后推断出暗物质的存在打下了良好的基础。

　　总体上来说，薇拉的学路历程可说是一波三折。她在 1950 年完成了硕士论文并定在 6 月进行答辩，然而没想到在答辩之前一个星期，答辩委员会成员之一的费曼突然从康奈尔大学跳槽去了加州理工学院。不知是因为贵人多忘事，还是根本没把一个小硕士生的答辩当回事，反正他连个招呼都没打就不辞而别了。薇拉只好把答辩推迟到 10 月，以便另找别人顶替费曼的位置。这一耽搁把她搞得十分狼狈，因为那时她已经怀孕，预产期恰恰就是 10 月底。答辩委员会的另一成员肖（W. R. Shaw, 1904—1995）为人处世的方式似乎也颇成问题，他阅读了薇拉的论文后，认为论文比较粗糙，但又说可以拿到同年 12 月在宾夕法尼亚州哈弗福德召开的美国天文学会年会上去宣读，同时还提出一个匪夷所思的建议：鉴于薇拉的孩子刚刚出生（孩子的实际出生日比预产期晚了四星期），可以由他顶替她去哈弗福德，条件竟是论文只能以他一个人的名义宣读——也就是没薇拉的份儿。这样的要求实在太过无理，薇拉一口拒绝了，说"我自己能去"。去哈弗福德对薇拉来说并不容易，她既没有汽车也不会开车，只好求父亲送她一趟。康奈尔大学坐落在纽约上州的大山里，那时的公路也远不如现在那么好，顶风冒雪开夜车到哈弗福德实属不易，更何况车里还有一个未满月的婴儿！薇拉的父亲多年后回忆那段旅程，认为是他这辈子干的最提心吊胆的一件事。薇拉总算按时到了哈弗福德，宣读了论文。可结果却令人十分沮丧，许多与会者对她的数据和分析提出各种各样的质疑，其中不少是她这个初出茅庐的硕士生难以回答的。若不是著名天文学家史瓦西站出来解围，她差点下不了台。总之一句话，几乎没人相信她的分析和结论。她后来将论文先后寄给《天文期刊》和《天文物理期刊》，均被退了稿。

薇拉1951年从康奈尔大学毕业。同年夏天她丈夫获得博士学位并决定去约翰·霍普金斯应用物理实验室工作。他选择那里主要是考虑到薇拉可以有较多的机会继续攻读博士学位，从而在不远的将来能圆她的天文学家之梦。离开康奈尔之后，薇拉有差不多一年的时间待在家里"相夫教子"，应该说那段生活还是很安逸的。但是她头脑里根深蒂固的成为天文学家的梦想还是不时令她寝食难安。即使是在当家庭主妇的日子里，她也一直订阅《天文物理期刊》。每当收到新一期的《天文物理期刊》，都能让她兴奋、快乐半天。带孩子去游戏场时，也经常拿上一本《天文物理期刊》。然而梦想和现实还是有很大距离的。她已经有一个年幼的孩子，肚子里又有了第二个，继续学业的决心可真不大好下。直到有一天她突然接到了伽莫夫打来的电话，伽莫夫询问了一些与她的硕士论文有关的研究工作，并说在即将进行的一次学术报告中准备用到她的研究成果。这个电话最终促成薇拉下决心重返校园。经过与伽莫夫协调，乔治城大学同意接收她为伽莫夫的博士研究生（伽莫夫并非乔治城大学的教授）。由于乔治城大学大部分的天文学课程是由校外的专家、学者讲授的，她需要修的课全都是在晚间 6 点钟开始。为了支持薇拉完成学业，她们家可以说是全体总动员。在一次访谈中薇拉有这样一段叙述："我丈夫 5 点钟离开办公室，开两英里车到华盛顿接上我母亲，她会带上她自己和我父亲的晚餐。五点半我喂完孩子，他们的车也正好到。母亲下车，在家照顾孩子。我带着给丈夫的三明治上车。我丈夫再开车送我去学校。我上课时，他则先在车里吃完三明治，然后去图书馆看书、工作，等着我下课。我父亲下班后直接去我家，和母亲一起吃晚餐……"她的博士学位实在读得很辛苦。其一，她没能申请到奖/助学金（原因是"有更需要的人"），因而不得不自己付相当昂贵的学费。其二，整个白天她都需要照顾两个孩子，只有中午当孩子们午睡时可以读一小时的书。真正能集中精力写论文的时间是从晚上 7 点到凌晨 2 点，超负荷的运转常常搞得她精疲力竭。其三，伽莫夫是那种提出的想法常常令一般人无法理解的天才，不论在物理学界还是在天文学界都属于观念超前的非主流。他的个人形象也颇为乱七八糟，经常在会议上打瞌睡，醒来后又问些人家已经讲过的问题；他还嗜酒，作报告时往往满身酒气。他给薇拉的论文题目具有相当的前瞻性和挑战性，当然也就不易完成。尽管客观条件不甚理想，薇拉却仅用了两年就获得了博士学位（1954 年）。她的博士论文《星云分布在空间中的涨落》发表在 1954 年 7 月的《美国国家科学院院刊》上，这次天文学界的反应比哈弗福德会议上还糟——完全无人问津。

取得博士学位后，薇拉留在乔治城大学工作。1965年她成为卡内基科学研究所地磁部的首位女研究员，这是她学术生涯的一个重要转折点。在地磁部和她共用一个办公室的是一个叫福特（Kent Ford）的仪器专家，他那时刚好发明了一种用来测量电磁波谱的仪器——影像管摄谱仪。利用这种新仪器，薇拉和福特进行了一系列重要的观测，其中对仙女座中物质运动的观测尤为引人注目。薇拉在1968年的美国天文学会年会上报告了他们的结果，这一次与会者们对她的发言反应相当热烈，著名天文学家闵可夫斯基当场对她说这篇论文应该马上发表。但是有一个问题一直困扰着她和福特，他们的数据显示，远离仙女座中心的物体（恒星、气体等等）围绕中心运行的速度远远低于预期的数值。学过牛顿力学的人都知道，以太阳系为例，离太阳越远的行星围绕太阳运行的速度就越快。然而在仙女座中似乎所有物体运行的速度都差不多，就好像离中心越远，中心的质量就变得越大似的。对这一现象最自然的解释就是在仙女座中到处都充斥着某种虽然"看"不见却具有质量、从而能产生引力的物质。在仙女座之后，薇拉和福特又对几十个其他星系进行了相似的观测，所有的数据都指向一个结论：宇宙中存在大量具有质量但无法"看"见的神秘物质——暗物质。到70年代末，暗物质的存在开始逐渐被天文学界所接受，薇拉也终于成为一位重量级的天文学家，并在1996年获得了天文学领域的最高奖——英国皇家天文学会金质奖章，她是该奖自1824年设立以来第二位获此殊荣的女性。

支持暗物质存在的另一个有力证据，来自于利用引力透镜效应进行的观测。根据广义相对论，引力透镜效应就是当背景光源发出的光在引力场（比如星系、星系团及黑洞）附近经过时，光线会像通过透镜时一样发生弯曲。光线弯曲的程度主要取决于引力场的强弱，因而可以用来推断星系、星系团的总质量。引力透镜的原理是基于爱因斯坦 1936 年发表在《科学》杂志上的一篇短文。其实相关的想法和计算在他 1912 年的笔记里就有了，一直没有发表的原因是他觉得"观测到这种现象的可能性不大"。若不是一位友人极力怂恿，这篇论文也许永远都不会面世。事实上，爱因斯坦这一次完全估计错了。在他的论文发表半个世纪之后，引力透镜效应不但被观测到了，而且成为估算星系、星系团质量的重要工具。利用引力透镜，科学家们发现暗物质可能无处不在地均匀分布于宇宙之中，其总质量占宇宙总质量－能量的 23%，约为所有可见物质总质量的将近 6 倍。

对星系中物质运动速度的观测和分析，以及从引力透镜效应得到的结果，令人信服地推论出暗物质的存在，但这些毕竟只是间接的结论。到目前为止，人们还无法直接探测到暗物质，因而除了知道暗物质具有质量之外，对它的其余物理性质几乎一无所知，当然也无法建构什么完备的理论。多年来，直接探测到暗物质一直是物理界的一大挑战。在现阶段，对暗物质的探测大致有三种方法。第一种是守株待兔，在很深的矿井里建立探测器，经过长时间的等待，以期观察到某些用已知基本粒子与物质间相互作用无法解释的现象。第二种是主动出击，利用欧洲核子研究组织的大型强子对撞器（LHC），观测在极高能量段是否有暗物质产生出来。第三种是用地面上和太空中的大型、高灵敏度天文望远镜观察那些来自物质密度极高的星系中心发出的反常信息——物理学家们相信，在极高的密度下，暗物质有可能与其他物质碰撞并湮灭，从而发出一些反常的信息。遗憾的是，这三种方法至今都没有获得什么令人满意的结果。

如果有一天暗物质真的被直接探测到了，这无疑会大大增加薇拉获得诺贝尔奖的机会。问题是薇拉已经年逾八十，能否等到那一天实在很难说。好在她自己对得不得诺贝尔奖似乎并不十分看重，她曾经说过："对我来讲，我的数据比我的名字更有意义。如果在往后的岁月里，天文学家们仍然会使用我的数据，那就是对我最大的奖励。"

沙堆模型的启示

一般来讲，世界上存在的各种系统可以分为两大类：简单系统和复杂系统。在简单系统中，局部的微小变化只会引起整个系统的微小变化，所以是可预测的。复杂系统则不同，其主要特点是：从内部看，它是由相互关联的部分所组成；从整体看，它可以展现出一种或多种特性，而这种特性是组成系统的每个单独部分所不具有的。复杂系统在计算机科学、生物学、经济学、物理学等许多领域中都有广泛的应用。复杂系统又可以分成很多不同的类型。一个典型的例子是混沌，对于混沌系统，初始条件的微小变化就可能导致整个系统进入完全不可预测的状态。而沙堆模型研究的对象则是另一类称为"自组织临界系统"的复杂系统。这种系统的特点是能通过内部的自发演化而达到某种临界状态（比较不严格地讲，可以把临界状态想象成"量变引起质变"的转折点）。

大概有不少人在小时候都玩过沙子。如果我们将沙子一把一把地往同一个地方撒，那里就会逐渐形成一个小沙堆。开始的时候沙堆不断增高，但到了一定的高度后，再撒上一把，沙堆不但不增高，反而会出现滑坡现象（在自组织临界系统研究的"行话"里，统称这类现象为"雪崩"）。滑下来的沙子的数量没有一定规律，可能是一大片，也可能只有几粒。我们虽然无法预测当一把沙子撒下去后会引起多大规模的滑坡，但可以肯定的是，出现小规模滑坡的可能性要比出现大规模滑坡的可能性大很多。如果重复很多次这种"造山—滑坡"实验，我们就能对出现的不同规模的滑坡的数量进行统计。但是用真正的沙子来进行这项实验是很难的，因为有许多外界因素无法控制。于是巴克（Per Bak，1948—2002）和他的两名博士后汤超及维森菲约德（Kurt Wiesenfeld）一起构造了沙堆模型（1987年），从而开创了自组织临界现象研究的新天地。

沙堆模型以一个类似于围棋盘的二维格点（不必是18格×18格）为基础，棋子可被随机放入任意一个格子里，而且允许棋子上面摆棋子。规则是一旦一个格子里的棋子摆到4粒，这4粒棋子就自动移到与其相邻的4个格子里，每个格子得到一个棋子（我们姑且把这种重新分配叫作"坍塌"）。如果一个棋子正好被移出棋盘，它就算离开了这个系统，不再予以考虑。当棋盘很空的时候，新加入一个棋子不会引起什么大的反应，基本上这个棋子落在哪儿就会待在哪儿，除非那里正好已经有3粒棋子，则新棋子的加入就会触发一次"坍塌"。不过这个"坍塌"只会对周围很小的区域有所影响。但当棋盘已经相对比较满时，情况就会大为不同。下图展示了一个典型的例子（引自巴克的《自然界如何

1	2	0	2	3
2	3	2	3	0
1	2	3	3	2
3	1	3	2	1
0	2	2	1	2

1	2	0	2	3
2	3	2	3	0
1	2	4	3	2
3	1	3	2	1
0	2	2	1	2

1	2	0	2	3
2	3	3	3	0
1	3	0	4	2
3	1	4	2	1
0	2	2	1	2

1	2	0	2	3
2	3	3	4	0
1	3	2	0	3
3	2	0	4	1
0	2	3	1	2

1	2	0	3	3
2	3	4	0	1
1	3	2	2	3
3	3	1	0	2
0	2	3	2	2

1	2	1	3	3
2	4	0	1	1
1	3	3	2	3
3	2	1	0	2
0	2	3	2	2

1	3	1	3	3
3	0	1	1	1
1	4	3	2	3
3	2	1	0	2
0	2	3	2	2

1	3	1	3	3
3	1	1	1	1
2	0	4	2	3
3	3	1	0	2
0	2	3	2	2

1	3	1	3	3
3	1	2	1	1
2	1	0	3	3
3	3	2	0	2
0	2	3	2	2

1	3	1	3	3
3				1
2				3
3	3			2
0	2	3	2	2

加入一粒棋子后发生的连锁反应

工作》)。第一张小图是"开始"时的状态，小格里的数字表示里面已有的棋子数目。在中心的小格里加入一个棋子会引起这个小格里棋子的"坍塌"，而"坍塌"后4粒分别移到相邻格子里的棋子又会引起其中两个格子里的棋子发生"坍塌"，这两个"坍塌"又引发新的"坍塌"……一连串的"坍塌"最后终止于第九张小图所示的状态。最后的小图标示出有8个格子（黑色区域）发生过"坍塌"（其中一个格子里发生过两次"坍塌"）。我们可以把"坍塌"的次数定义为"雪崩"的强度，在这个例子里，"雪崩"的强度就是9。如果不断将棋子加到随机选取的格子里，并将每次引发的"雪崩"强度记录下来，在进行很多次（比如说100万次）之后，就能得到非常有意义的统计数据。经过对这些数据的分析，巴克等人发现不同"雪崩"强度出现的次数 N 与"雪崩"强度 E 之间的关系遵从幂数律 $N \sim E^{-a}$。沙堆模型的 a 大约为 1.1。在物理学里，当一个系统满足幂数律时，通常意味着这个系统是处于某种临界状态。另一方面，如果一个系统中某个内部单元的变化不局限于其周边而能引起整个系统的重构，这样的系统被定义为具有自组织的特性。沙堆模型这类具有自组织特性并能通过内部自发演化达到临界状态的系统就被称为自组织临界系统。

沙堆模型的结构极为简单，任何一个具有一些编程知识的人都可以在自己的个人电脑上试验它。这正是它的美妙之处，一个如此简单的模型却具备了复杂系统最本质的特性，简单与复杂的辩证关系在这里体现得淋漓尽致。如果把新加入一个棋子所引起的"雪崩"强度（即"坍塌"数目）等价于往沙堆上加一把沙子所引起的滑坡规模，抽象的沙堆模型就与真实的沙堆连在一起了。当然，要想最终证实沙堆模型能正确描述真实的沙堆，必须有物理实验的支持。由于每粒沙子的形状、大小、重量各异，再加上湿度对实验结果也有很大影响，用沙子做这项实验很困难。有关沙堆模型的一个很漂亮的实验是由挪威奥斯陆大学的一个研究小组在 1995 年用大米做的。他们让大米以均匀的速度落在圆形的平盘上，用高速摄像机监测"雪崩"在 24 小时内发生的次数和强度，得到的数据直接存入电脑。经过整整一年在不同大小的圆形平盘（相当于不同大小的系统）上重复进行实验，他们获得了足够的数据，证实米堆的确

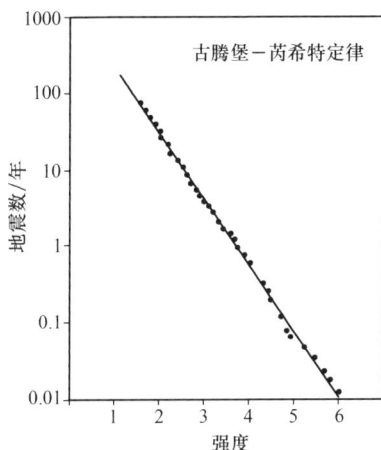

会达到自组织临界状态，而且"雪崩"强度的分布真的遵从幂数律！

如果自组织临界现象仅与沙堆或米堆有联系，大概并不会引起人们太多的关注。然而它却出现于许多令人意想不到的领域中。地震就是一个绝好的例子。如果把地壳某处出现断层等价于某个格子里发生"坍塌"，再把地震的级数等价于"雪崩"的规模，地震就和沙堆模型连在一起了。在地震研究中，古腾堡－芮希特定律具有很重要的意义，它告诉我们在给定时间内不同强度的地震**平均**发生的次数，而且次数与强度之间的关系恰恰满足幂数律（这也正是沙堆模型得到的一个重要结果）。必须特别注意的是，这里所说的地震强度与次数的关系是统计平均意义下的关系。比如从上图中可以看到，大约平均每年会发生 10 次 2.5 级左右的地震和一次 4 级左右的地震，但这绝不意味着每发生 10 次 2.5 级左右的地震就会发生一次 4 级左右的地震。换句话说，即使一个地方已经很久没发生过大震，下次地震是大震的可能性也并不会因此而增高。

从沙堆模型可以得到一个重要的启示：对于自组织临界系统，除非知道每一处细节部分的状态，否则不可能从局部的变化预测整体的变化。以前面的例子来说，必须知道**每个格子**里已经有几粒棋子，才有可能预测在某个特定格子里新加入一粒棋子会不会引起"雪崩"以及"雪崩"的规模会有多大。再加上对于真实的系统（比如地震），我们甚至连下一粒棋子会落入哪个格子里都不确定，要想对系统进行预测就几乎是不可能的了。地震预测就有点类似于这种情况。地壳运动造成断层是引发地震的原因之一，人们可以选定一些地方对地层变化（比如应力）进行监测。但是即使测到某处已达到发生断裂的临界状态，仍然不能断定什么时候会真的发生断裂，就像不知道"下一粒棋子会落入哪里"一样。而且就算这里真的断裂了，如果不知道其他所有相关地方的状态，人们还是无法预知被引发的地震的强度。这大概就是为什么地震预测一直是个老大难问题的根本原因。

除了地震，地貌形成、山体滑坡、河流分支、太阳黑子活动、1/f 噪音、商品及股票市场价格的涨落、交通堵塞、生物进化及大规模物种灭绝等等许多问题都与自组织临界现象有着密切的关联。沙堆模型及其"变种"被广泛应用于这些领域，获得了大量很有意义的成果。更有意思的是，这些模型往往能把两个看似风马牛不相及的系统联系在一起，从而凸显出它们的内在共性和可类比性。这方面一个很好的例子是日本学者伊藤发现可以把用来模拟间断平衡理论（一种有关生物进化的理论）的模型，原封不动地照搬到地震发生机制的研究中去。

近年来，还有人把自组织临界现象的概念应用到大脑可塑性和脑神经元网络的研究上，也取得了不少令人鼓舞的进展。在神经元活动的过程中，一个神经元会收到来自成千的其他神经元传输过来的"信息"。当输入量超过一个临界值时，这个神经元就会将积累起来的"信息"发送回神经元网络而使自己"变空"。这种机制与上面所讲的沙堆模型颇为相像——当某个格子里的棋子数达到4时，这4粒棋子就会重新分配到相邻的格子里去。用来研究大脑可塑性的实际模型（比如2006年Arcangelis、Perrone-Capano和Herrmann提出的模型）比沙堆模型要复杂一点，但原理是一样的。2009年，剑桥大学的Kitzbichler等人利用核磁共振成像和脑磁图等技术对处于睡眠状态的人的大脑活动进行观测，得到的数据显示脑功能系统很可能是一个自组织临界系统。他们不但观察到某种类似于神经元"雪崩"的现象，而且证实相关的概率分布满足幂数律。

在经济学领域，巴克等人曾经论证经济体系也属于自组织临界系统，并由此推断不论是格林斯潘（美国第13任联邦储备委员会主席）的货币杠杆还是马克思主义的计划经济都无法防止类似于金融风暴那样的"雪崩"出现。因为即使做得最好，充其量也就是让前面讲的模型中的每个格子里的棋子数尽可能的平均，但最终当所有格子里的棋子数都达到 3 时，无论在哪个格子里再加一粒棋子，都必将引起超级大"雪崩"——就像苏联的崩溃。不过我觉得他们把经济体系过于简化了。别的不说，除了加入棋子（相当于经济增长），棋盘有时也会增大（比如新技术的出现或市场的拓展），至于出不出现大规模"雪崩"就要看两者谁快谁慢了。

自从 1987 年巴克、汤超和维森菲约德的论文发表以来，自组织临界系统研究的疆域一直在不断扩展，颇有些无孔不入的架势。我们身边发生的很多现象都可能与自组织临界现象沾边。甚至从国际社会里不断发生的大事、小事中似乎也能看到一点自组织临界现象的影子。大多数时候一个国家内部发生的事件仅限于其自身，但有时也会波及周边地区甚至影响全球。像最近发生在埃及的茉莉花革命（一个格子里发生"坍塌"），导致中东及北非地区很多国家发生类似的革命（系统中出现"雪崩"）。人们很自然地会问：也许我们生活的世界本身就是一个自组织临界系统？2009 年，Thomas Kron 和 Thorsten Grund 就写过一篇文章专门讨论这方面的问题及应对之道（"Society as a Selforganized Critical System"，*Cybernetics and Human Knowing* 16：65–82），有兴趣的读者不妨找来看看。

曾经发生在德国的反爱因斯坦运动

　　最近在帕勒·约格若（Palle Yourgrau）的一本讲数理逻辑大师古德尔（Gödel）与爱因斯坦的书 *A World Without Time* 中偶然读到在 1920 年代的德国曾有一批学者受右翼思想的影响而发起对爱因斯坦及相对论的批判。这立即引起我一探究竟的兴趣，因为在十年文化大革命中，我国也曾掀起过两次对爱因斯坦及相对论的批判，而本人也曾一度搅和在里面。所不同的是，"文革"中的批判是在极"左"思想的支配下发生的。经过一番搜寻，发现虽然不少讲述爱因斯坦的书中提到过德国的那次反爱因斯坦运动，但专门论及此事细节的文章却很少，不知是不是因为自尊心极强的德国人不愿提及他们过去的糗事？

　　推动这个运动的人物，可谓鱼龙混杂，动机也各不相同。

　　跳得最高、最没学问而能量极大的，应是保罗·威兰德（Paul Weyland，1888—1972）。此人是右翼政党"德国国家人民党"的活跃分子，曾一度被柏林的一些报纸称为"爱因斯坦杀手"。他攻击爱因斯坦的第一篇文章出现

保罗·威兰德

在 1920 年 8 月 6 日柏林的一份日报上。其中对相对论的批判没有任何新意，全是从别人那儿抄来的过时老调。此文的关键在于指责爱因斯坦推动了一场吹捧自己和对相对论的宣传运动，而且指责为爱因斯坦进行宣传的媒体主要是受犹太裔掌控的。这样就把反爱因斯坦与反犹主义挂上了钩。

不久之后威兰德又在报上以"德国科学家维护纯科学工作协会"（Arbeitsgemeinschaft deutscher Naturforscher zur Erhaltung reiner Wissenschaft）的名义刊登广告，宣布将在柏林爱乐音乐厅举办一个 20 讲的系列讲座。第一讲的主讲人为他本人和恩斯特·格尔克（Ernst Gehrcke）博士。1920 年 8 月 24 日，威兰德主办的批判爱因斯坦相对论的讲座如期在能容纳 1600 人的柏林爱乐音乐厅举行，爱因斯坦本人也作为听众出席。很多柏林的报纸报道了这个讲座的消息，一时间"德国科学家维护纯科学工作协会"名声大噪。多年之后人们才发现这个协会其实只有威兰德一个光杆司令。不过在当时，绝大多数人（包括爱因斯坦自己）都以为它真的网罗了一批科学家。威兰德以一人之力能如此兴风作浪，确有其过人之处。至于他用什么方法实现在柏林爱乐音乐厅这样名声显赫的地方举办讲座，至今都还是一个谜。

威兰德属于那种野心勃勃、为达目的不择手段的小人，善于无事生非、招摇撞骗，说他是个骗子也不为过。因为名声太差，在 20 世纪 30 年代连纳粹都把这个反犹主义的急先锋拒之门外。其实他真正感兴趣的是政治而非学术。之所以选择当时在学术界如日中天的爱因斯坦作为攻击目标，是极富于心计的一招棋，一下子把他从无名小卒提升到万人瞩目的地位，为自己捞取了不少政治资本。他一辈子干过的丑事不胜枚举，下面只讲两件，以期一窥他的人品。

1921 年，威兰德以"德国科学家维护纯科学工作协会"主席的身份到美国进行访问。在接受《纽约时报》记者采访时神吹胡侃，宣称德国化学家发现了一种用水和碳化钙生产汽油的方法，这项发明将带来汽车工业的革命。真不知他的胡言乱语是出于何种目的，如果是为了骗取投资，那可把美国的财主们都看成白痴了。

第二次世界大战结束后，由于大量的文件在战火中遗失，学历认证相当困难。威兰德抓住时机，摇身一变而成了化学博士（实际上他不但没有博士学位，连是否有学士学位都值得怀疑），并且成功移民美国。但是，假的就是假的，他在美国并没有得到过什么符合其"化学博士"身份的职业。退休前，他的最后一份工作是仓库助理。尽管一直不得志，他的投机本性却丝毫没有改变。1953年麦卡锡主义盛行，威兰德又跳出来参与抓隐藏的共产党。他给联邦调查局写了一份报告，检举爱因斯坦在跟他论战时，曾在报纸上承认自己是共产党。还指控在20年代后期爱因斯坦的家一直是共产党的活动中心，同时还是苏联间谍的藏身之所。害得联邦调查局花了大笔纳税人的银子对爱因斯坦进行秘密调查。

柏林爱乐音乐厅首次讲座中的另一位主讲人恩斯特·格尔克（1878—1960）是一位出色的实验物理学家，是阳极射线的发现者，并对光谱结构的精确测量有很大贡献，还与卢默（Lummer）一起发明了干涉测量技术中的卢默—格尔克方法。他是最老牌的相对论反对者之一，从1911年起就开始和相对论较劲，十几年如一日，试图否定相对论。在早期的文章中，他认为相对论只是一堆数学假设的集合。当广义相对论发表之后，他又对水星近日点的进动问题（广义相对论的三大验证之一）提出质疑，认为这个问题其实早在几年前就已经被另一位德国科学家解决了。不过格尔克只是在学问上有点食古不化，并没有任何政治动机，其人品也没什么瑕疵。他在柏林爱乐音乐厅的演讲基本上是纯学术的，大体上只是重复了他一直所持的观点：诸如相对论是不自洽的，并没有真正被观测所证实，会导致唯我主义等等。正是由于其演讲的专业性太强，让大多数不熟悉物理专用术语的普通听众听得一头雾水，因而也就没有太大的杀伤力。

尽管爱因斯坦对柏林爱乐音乐厅的那次讲座十分反感，并在 8 月 27 日的报纸上发表了一篇措辞尖锐的文章对威兰德和格尔克等人进行批驳，但他和格尔克之间似乎并没有变得水火不容。18 个月之后（1922 年 2 月），在普朗克提名下，他们甚至一起成为波茨坦天体物理实验室指导委员会的委员，并且合作共事了三年之久。

反爱因斯坦阵营中最重量级的大将是实验物理学家菲利普·莱纳德（Philipp Lenard，1862—1947）。此公可不是等闲之辈，他在阴极射线研究方面取得的重要成果为他赢得 1905 年的诺贝尔物理学奖。最有意思的是，他虽是爱因斯坦的死对头，爱因斯坦却是以对他的实验结果所做的理论解释——光电效应的量子理论而获得 1921 年的诺贝尔物理学奖的。

威兰德一直希望莱纳德能参与柏林爱乐音乐厅的系列讲座，在第一次"批判会"时还特意在前厅里出售过莱纳德的著作，并宣布莱纳德为主讲之一。威兰德似乎有意想给人们造成一种印象：莱纳德是这场运动的中心人物。据说开始时莱纳德对威兰德的所作所为也相当赞赏，但不知出于何种原因，他没有接受去柏林爱乐音乐厅演讲的邀请。而且没过多久，他对威兰德的评价就一落千丈，甚至在一封给友人的信中说："不幸，威兰德原来是个无赖！"

不过莱纳德对爱因斯坦的敌视并未因其识破威兰德是无赖而有丝毫改变。在 1920 年 9 月 20 日于拜德瑙海姆（Bad Nauheim）举行的第 86 届德国自然科学家大会上，他与爱因斯坦有过一次短兵相接的激辩，两人不欢而散，从此结怨。

莱纳德与爱因斯坦为敌，最初可能只是意气之争，是出于对物理学界推崇爱因斯坦的不满。他对相对论的非难开始时也仅为纯学术的。例如，他提出如果相对论的等价原理成立，就必定得存在一个虚构的引力场。对此，爱因斯坦的回答是：没错，引力场就是场方程的一个十分完美的解，不过它不是虚构，而是实实在在存在的。时至今日，引力场还是大统一理论和宇宙论研究中的一块基石。莱纳德在 20 年代能以这个问题向爱因斯坦"叫板"，说明他的学术眼光是很高的，只可惜站错了立场。不过，随着反犹主义在德国越来越泛滥，莱纳德很快就成了一个极端的种族主义者。他与爱因斯坦之间的争论也从学术之争变成了"主义"之争。从他发表在 1933 年 5 月《人民观察员》报上的文章里的一段话，我们就能看出他在种族主义的道路上走得有多远。"犹太集团危及自然科学研究的最重要例子就是爱因斯坦先生拙劣地生拉硬拽数学而提出的理论，其基础完全是科学童话，再加上些随心所欲的补充。就像所有那些脱离自然的理论一样，这个理论正在一块接一块地崩塌。相对论所以能在德国扎根，完全要归功于那些光顾着完成自己任务的科学家们助纣为虐。他们没看见或不愿看见，把这个犹太人看作优良的德国人是多么大的一个错误！"

莱纳德后来成为希特勒的科学顾问，坐上了"亚里安物理学"的头把交椅（Chief of Aryan Physics）。1945年，盟军攻占德国，鉴于他年老体衰，没有将其送上法庭，算是宽大处理。

在20年代，对爱因斯坦和相对论的攻击不但受到物理学界的抵制，而且遭到比较有头脑的普通民众的谴责，不少人投书报纸表达对威兰德之流的不满。柏林爱乐音乐厅里上演的闹剧不久就无以为继、草草收场。批判爱因斯坦的系列讲座实际上只举行了两次［严格说应是一次半，因为第二次讲座的两个主讲人之一哲学家奥斯卡·克劳斯（Oskar Kraus）在最后关头取消了演讲］。有意思的是，在整个20年代的运动中没有任何理论物理学家参加反爱因斯坦的阵营。然而，在德国，从反犹主义立场出发的、对爱因斯坦政治上的攻击却一直没有止息。1930年，德国甚至专门出版了一本名为《一百位教授证明爱因斯坦错了》的批判相对论的书。这种书在今天看来当然是徒增笑料，但在当时恐怕还是会给爱因斯坦带来不小的压力。1932年12月，迫于形势，爱因斯坦不得不离开德国。对失去这位伟大的物理学家，右翼分子拍手称快，下页那幅漫画颇能反映他们的心情，而此画与"文革"中的宣传画也很有点儿异曲同工之妙。

　　顺便提一句，德国哥廷根大学教授休伯特·根纳（Hubert Goenner）1993 年刊登于《科学探源》（*Science in Context*）第六期上的 "The Reaction to Relativity Theory I: The Anti-Einstein Campaign in German in 1920"（107—133 页）是我所见到的比较系统地论述此事的专文，有兴趣的读者不妨找来看看。这篇文章本来是一组系列文章的第一篇，我曾询问过根纳其他相关文章发表在何处，他回复说后来忙于别的课题，因而并未完成这个系列。另外，乔容·冯·栋恩（Joroen van Dongen）登在 2007 年第 9 期《物理观察》（*Physics in Perspective*）（212—230 页）上的文章也挺有意思。

马约拉纳：物理学界的一只独狼

　　和理论物理打过十几年交道，却从来没有注意过埃托雷·马约拉纳（Ettore Majorana, 1906—1938）这个名字。直到读了马盖若（Jeao Magueijo）最近出版的《绚丽的黑暗》（*A Brilliant Darkness*）才知道20世纪30年代物理学界曾有过这样一位杰出的怪才。他的生命虽然只有短短的32年，而其中真正用于研究物理的时间大约只有五六年，但他显现出的才华和极敏锐的洞察力，特别是对很多当时的物理难题的超前思维，只能用无与伦比来形容。马约拉纳21岁时加入罗马大学物理研究所由费米（Enrico Fermi, 1938年获诺贝尔物理学奖，第一座核反应堆的发明者）领导的研究组，这个研究组在物理学界非常有名，其中汇集了一批意大利当时最优秀的青年物理学家，理论与实验并重，而且工作效率奇高。大家以费米为中心进行工作，唯有马约拉纳是一个单打独斗的研究人员。不过他超级的分析与计算能力及天才的物理直觉对整个研究组的帮助却是无法估量的。然而有一件事一直让费米既头痛又无可奈何，那就是马约拉纳对发表研究成果的消极态度。很多时候一项实验完成之后，

埃托雷·马约拉纳

同事们把实验结果拿给马约拉纳看，他往往立即就能进行分析和计算，并给出理论上的解释。要命的是，这些稍加补充与完善就能发表的分析和结论常常被他写在随手抓来的烟盒背面或餐巾纸上，而他一番宏论之后，就将这些纸片一揉直接丢进了垃圾桶！

最让费米耿耿于怀的，大概是马约拉纳没有发表其有关中子的理论，而让这项极重要的发现归到了海森堡（Werner Heisenberg，因创立量子力学获 1932 年诺贝尔物理学奖）的名下。现在我们都知道原子核是由带正电的质子和不带电的中子组成的。不过那时候中子还没被发现，人们以为原子核是由带正电的质子和带负电的电子所组成，因为似乎只有有了电子的参与，才能靠"异性相吸"的电磁力将质子们聚拢在一起。比如具有 7 个正电单位的氮原子核，按旧理论，就应由 14 个质子和 7 个电子所组成。除了电荷数，原子核的另一个重要参数是自旋数，是由构成原子核的每个基本粒子的自旋数组合而成。自旋是描述粒子内在旋转性质的一种物理量，基本粒子按照自旋数分为两大类：玻色子（自旋为整数，0，1，2等等）和费米子（自旋为半整数，1/2，3/2等等）。质子和电子都是费米子，自旋数均是1/2。所以根据当时的模型，无论怎样加加减减，氮原子核的自旋数必定是个半整数（某个整数加1/2）。1929年，费米研究组的成员之一瑞萨缇（Franco Rasetti）在美国加州理工学院进行访问研究时，测量了氮原子核的自旋数，其结果却是1！马约拉纳马上意识到传统的原核子模型肯定错了，原子核里没有电子，它应该是由带正电的质子和一种不带电的、质量与质子相近且自旋亦为1/2的粒子所组成。他把这种粒子叫作"中性质子"，也就是人们后来发现的中子。具体到氮原子核，其组成应为7个质子加7个"中性质子"。他同时也意识到，为了使原子核不致因内部的质子们"同性相斥"而分崩离析，核内一定存在一种比电磁力强得多的相互作用力，他称之为"交换作用力"——这就是后来人们所说的强相互作用力。他建构的这套原子核稳定性理论可以说是现代量子色动力学的前身。可是不知出于何种原因，尽管费米费尽唇舌，马约拉纳却始终拒绝把这个理论拿出来发表。几个月后，俄国的伊万年科（Dmitri Ivanenko）认识到了中子的存在，海森堡也发表了与马约拉纳非常接近的理论。费米抱怨他坐失良机，他只一笑置之。而当费米再次要求他至少应把已有的结果发表出来以便立此为证时，仅换来了淡淡一句"现在海森堡已经把该做的都做了"。马约拉纳的行事作风与费米可以说是格格不入，两人的关系也不算融洽，不过费米对他的评价还是极高的，甚至将他列为牛顿、伽利略一级的人物。

最近，随着《李政道传》的出版，为了究竟是谁首先提出了"宇称不守恒"这一想法，又掀起一场不大不小的论战。其实，说不定马约拉纳倒是第一个想到宇称可能不守恒的人——宇称的问题曾作为一个令人困惑的纯数学问题而出现在他的中微子理论之中。当然，想到了并不等于能证明。

宇称是一种描述粒子在空间反演变换下性质的物理量。就像我们有的人习惯用右手写字，有的习惯用左手一样，基本粒子也具有类似的特性——左旋与右旋。对大多数粒子来说左旋与右旋是对称的，即如果存在具有左旋的 A 粒子，就一定也存在具有右旋的 A 粒子。假如一个具有左旋的 A 粒子去照镜子，镜子里看到的就是一个具有右旋的 A 粒子。在粒子的相互作用中，如果以左旋粒子取代同种的右旋粒子而结果不变，这种相互作用就具有左与右的对称性。粗略地说，这就是宇称守恒。宇称只在弱相互作用过程中会不守恒，而弱相互作用一般都涉及中微子（一种不带电、质量近于零、自旋为 1/2 的基本粒子）。一个典型的例子是，在 β 衰变中释放出的中微子都是左旋的。也就是说，如果这个左旋中微子去照镜子，镜子里则什么都没有，因为右旋中微子根本就不存在。马约拉纳是研究中微子的高手，极有可能已经意识到了中微子的这种高度不对称性。他 30

年代初建构的中微子理论虽然与现在普遍接受的理论大相径庭，却同样能解释迄今为止的所有相关实验，因而难分高下。如果中微子的静止质量（物体静止不动时的质量）为零，则这两个理论永远分不出优劣。然而 21 世纪初一系列有关中微子震荡的实验，基本肯定了中微子是有质量的。因而对这两个理论的最终判定也许已为期不远了。

除了马约拉纳，还有一个人与宇称不守恒的发现失之交臂。据马盖若在《绚丽的黑暗》中所说，萨拉姆（Abdus Salam，1979 年以弱电统一理论获得诺贝尔物理学奖）打从在英国剑桥读博士时起，就一直对传统的中微子理论和马约拉纳的中微子理论中的数学结构十分疑惑不解。大约在 1956 年初，在李政道和杨振宁发表宇称不守恒的论文之前，有一次他从美国乘飞机回英国，在途中无所事事，于是又开始思考中微子的问题。突然间灵光一闪，想到如果中微子具有最大化的左右不对称性，即只有左旋中微子而没有右旋中微子，那些困扰他多年的问题就能迎刃而解！这其实意味着他的一只脚已经跨过了通往宇称不守恒的大门的门槛。萨拉姆一下飞机就赶紧将他的想法详细写出来拿给审阅过他的博士论文的派艾尔（Peierl）去看。不料派艾尔的回答竟是"我根本不相信在弱核力中左右对称性会被破坏，我连碰都不会碰这种想法"。萨拉姆并不甘心，又直接联系"中微子之父"泡利。可是泡利却警告说，如果他提出如此愚蠢的想法，无异于自毁前程。萨拉姆最终放弃了自己的想法，从而将那扇已经被他打开的大门又关闭了起来。由此可见在科学研究的过程中，提出一个想法固然重要，如何证明这一想法也同样重要，而能看出一个离经叛道的想法所具有的重要意义、并敢于把它发表出来尤其重要。萨拉姆在这次教训之后似乎走向了另一个极端——时常把并不成熟的结论也匆忙发表出来。这当然也无可厚非，毕竟他曾与一项重大发现擦肩而过。而像马约拉纳那样视名利如粪土的人终究是少之又少的。

马约拉纳的那篇有关中微子的论文能够流传于世，还有一段小故事。大约在1932年，他曾经致力于构造一种能涵盖所有基本粒子及其相互作用的"超级"理论。这和爱因斯坦穷其后半生所追求的大统一理论颇有几分相似。从这一点上看，也可以说马约拉纳是大统一理论的先驱。可惜的是，他的这个"超级"理论没能行得通——至少在当时看来是这样。这篇未完成的宏文被他扔进了抽屉。他的中微子理论仅是这个理论的一个附录，当然也一并进了抽屉。1933年，由于健康原因，马约拉纳辞去了在罗马大学物理研究所的职位，开始了长达四年几乎足不出户的"闭关"生活。在这四年里他没发表过什么论文，却完成了一批杂七杂八的小型研究，包括地球物理、电子工程、数学和相对论。到了1937年，在没有任何征兆的情况下，他突然"破关"而出，去应聘巴勒莫大学的一个教授职位。在应聘要求当中有一条是必须提交一篇论文，于是他就将那篇已经尘封五年之久的有关中微子的附录拿了出来。这样才使世人有机会一睹他极富想象力的中微子理论。马约拉纳的出现大大出乎招聘委员会的预料，也使他们十分为难。因为以马约拉纳在物理界的地位，只要他申请，这个职位当然非他莫属。可麻烦的是，此位子早就内定好了是给另外一个申请人的，而且还牵涉其他好几个人的升迁。意大利的教育机构最后只得以马约拉纳实在过于杰出为由，在那不勒斯大学又为他专门设立了一个新职位，才算把这件事摆平了。

一篇附录就具有如此水准，马约拉纳的抽屉里不知还有多少"宝贝"？只可惜我们无缘见到。马约拉纳有一句名言："物理已入歧途，我们都已入歧途。"我们可以把这句话理解为单纯讲物理学，也就是说马约拉纳觉得整个物理学的研究方向错了，而他可能已看到了通往真理的道路。也有人对这句话作更"深层"的解读，认为他的意思是物理本应造福人类，现在却可能沦为毁灭人类的工具。还由此怀疑他也许是发现核裂变及链式反应（原子弹和原子反应堆的基础）奥秘之第一人，并推断这是他后来带着所有重要笔记从世上消失的根本原因。以马约拉纳当时所处的地位，这倒也不是空穴来风。因为费米研究组是公认的最"应该"首先掌握这两项发现的（特别是核裂变），然而却阴差阳错地拱手让给了别人。

马约拉纳是个谜一样的人物，且不说他那些在物理学上匪夷所思的超前思维，单说他对生活中的一些小事的判断也颇令人费解。比如他从来没交过女朋友，原因竟是他自认为长得太丑。可从他的照片上看，虽算不上英俊，但怎么说也不是个丑八怪。至于他的死（严格说应该是失踪）就更为离奇。1938 年 3 月 25 日他给家人和他任职的那不勒斯大学物理研究所的所长卡瑞利（Antonio Carrelli）各留了一封短信后，就登上了一艘开往西西里首府巴勒莫的邮船。一般人和警方都把这两封信解读为绝命书。不过也有两件事有点令人费解，他支领了半年的薪水并带走了所有重要的科研笔记——这不大像一个准备自杀之人所为。尽管如此，如果事情到此为止，大概人们都还是会认定他自杀了。可出人意料的是，他平安抵达了巴勒莫，而且又发了一封电报和一封信给卡瑞利。电报仅一句话"别紧张，信随后就到"，信里则明确说他放弃了自杀的念头。根据记录，他确实买了返回那不勒斯的船票，而且有个同舱的人（三个人住一间舱房）曾作证说，他在那不勒斯下船时，马约拉纳还在舱里睡觉。但马约拉纳却从人间蒸发了，没人确切知道他是否在那不勒斯下了船，甚至连他到底上没上开往那不勒斯的船也是个未知数。这种不确定的结局，为后人留下了想象的空间。以致几十年来不断有人宣称在世界的不同角落遇见过马约拉纳，版本之一是：在 60 年代初，他经常在智利的一个小酒馆里吃饭，还在餐巾纸上演算数学问题……这些传闻无一可以得到证实，恐怕均是媒体的炒作。时至今日，意大利人也没有忘记他。他多次成为科学幻想小说或电影中的主角，甚至还有关于他的科幻连环画集。在连环画里马约拉纳的结局最为辉煌——被外星人接走了！

红气球挑战

　　中国先秦哲学家荀子说过："（人）力不若牛，走不若马，而牛马为用，何也？曰：人能群（群在这里指组织群体行为），彼不能群也。人何以能群？曰：分。分何以能行？曰：义。故义以分则和，和则一，一则多力，多力则强，强则胜物。"人类正是靠着群体的力量使自己在地球上处于独一无二的地位。群体中的合作不仅仅是体力上的，更重要的是脑力上的。在多数情况下，集体智慧往往高于个人智慧，也就是人们常说的"三个臭皮匠能顶一个诸葛亮"。而集体智慧的获得绝不是简单地将几个人的想法加在一起，而是需要大家的参与、相互之间的学习和分享，以及对想法的共同评议——这实质上就形成了一个小型的社会网络。具有社会性应该说是现代人的一个重要特征。

　　如何认识和研究我们所身处的社会以及个人与社会的关系，如何改造和完善我们的社会，长久以来一直是人们十分关心的课题。在历史上有着各种各样的流派从各种不同的角度来看待和分析社会，比如亚当·斯密从市场的角度、马克思从阶级的角度等等。但是社会并不是一个静态的东西，随着人类在各个方面的不断进步，尤其是随着科学、技术的突飞猛进，我们的社会形态也在不断发生着巨大的变化。因而很多过去行之有效的研究方法可能已不再适合今天的社会。在亚当·斯密或马克思所生活的年代，受交通、通信等诸多因素的限制，人们获取信息的能力是相当有限的，基本上只能来源于一些直接的社会关系，比如亲戚、朋友和同事，以及报纸、书籍等等可以直接接触到的资源，因而传递信息和获取信息的效率很低。而我们如今所处的时代，是一个信息大爆炸的时代。互联网和以手机为代表的行动电子装置的高度普及，已经将人们空前紧密地联系在了一起。地球上任何一个角落发生的重大事件，用不了多长时间就会传遍全世界。信息几乎无处不在，而且唾手可得。如何更快、更有效地获取信息并加以充分利用，已经越来越受到各级政府部门和各种商业机构的重视。比如纽约警方最近正在考虑给所有执勤的警员配备谷歌眼镜（具有内建计算机屏幕、可以联网的眼镜），以便他们可以在第一时间通过网络获取需要的信息。

美国国防部的国防高等研究计划署曾组织过一个名为"红气球挑战"的竞赛。他们将10个红色气球放置在美国本土的10个地方，任何团队或个人不论用什么办法，只要最先发现了这10个红气球的准确位置，就能获得4万美元的奖金。在这个挑战赛中取胜的是麻省理工学院的一个团队，他们的指导思想就来自社会物理学的概念，而方法其实极为简单——通过互联网向他们所能联系到的所有人发出信息：直接帮他们找到一个红气球的人，可得到 2000 美元报酬；如果乙发送信息给甲，使甲参与搜寻并导致甲找到一个红气球，乙可得到 1000 美元报酬、甲得 2000 美元；如果丙发送信息给乙，乙又发送信息给甲使甲参与搜寻并导致甲找到一个红气球，则丙得 500、乙得 1000、甲得 2000 美元；以此类推。结果仅用了不到 9 小时，这 10 个红气球就全部被找到了！据估算，大约有 200 万人参与了帮助麻省理工学院团队搜寻红气球的活动，这是他们能在 9 小时之内完成这项看似不可能的任务的根本原因。在如此短的时间里形成如此庞大的一个社会网络，是一件非常不可思议的事。国防高等研究计划署举办这个比赛的目的，其实就是想通过评估各个团队所采用的高招，从中发现将信息在最短时间内传递给社会大众的行之有效的方法，未来一旦发生紧急情况，这些方法就可能派上用场。

人们获取信息的能力和方式的巨大变化，无疑会极大地改变人们做出决策或形成新想法的途径和过程，从而无形中也改变了整个社会的结构。社会物理学就是一个从社会网络（social network）的角度来看待和分析社会的新科学。它以"大数据"分析和社会网络分析为基础，借鉴某些物理学中的概念，试图用定量的方法来研究社群中个体与个体、个体与群体、群体与群体之间的相互关联、相互作用等等复杂问题，并且利用通过这种定量分析所得到的结果，来发现可能及实用的调适社群中各种关系的方法，以使整个社群的运作更为合理、和谐和有效。

在社会物理学中有两个最基本的概念："想法流"（idea flow）和"社会压力"（social pressure）。想法流是用来衡量某个想法（或者观念、理论等等）在一个特定群体中的传播过程的量。其传播的通道是社会网络。想法流不是简单地将想法传递到个人就算完成了，而是要求该想法被个人接收、消化并在某种程度上直接或间接地受其影响，也就是说是有一定效应的。在物理学的流体动力学中，流体流动的速度随压力的增强而增高；与此相似，想法流传播的"速度"与个人所在的社会网络中的社会压力相关，社会压力越高，想法流的传播就越快、越有效率，传播的范围也越大。这里有一点应该注意，想法流并不能简单地以收到的信息的数量来衡量，因为在很多情况下，相同或极为相似的信息可能会通过不同渠道重复多次地传递过来（比如一则你已经在互联网上读到过的新闻，可能会被不同的朋友以短信、电邮等方式重复发送给你），这就是所谓的"回音箱"效应。为了使想法流的传播更有效率，通过对社会网络的调控来降低"回音箱"效应往往是社会物理学所面对和需要解决的一个具有相当难度的课题。

前面提到的"红气球挑战"也可以用社会物理学的术语来描述：通过互联网发出的"寻找红气球"的信息产生了"想法流"；制定的奖励办法则形成"社会压力"；而同一个人可能会通过不同的渠道（电邮、短信……）从不同的来源（朋友、社群网……）重复获得"寻找红气球"这条相同的信息，就是"回音箱"效应。

社会物理学的应用具有两个主要层面，一是利用对想法流的分析找出可应用于被研究系统的最佳对策；二是借助对社会压力的调控使新想法（包括方法、政策、法规等等）能够通过最有效的途径传递到所有相关的个体，使之可以迅速付诸实施。

美国麻省理工学院的彭特兰（Alex Pentland，他也是赢得"红气球挑战"团队的老板）最近出版的新书《社会物理学：好的想法是怎样传播的——来自一门新科学的经验教训》（Social Physics: How Good Ideas Spread—The Lessons From a New Science）对社会物理学的来龙去脉、基本概念、应用方法、实用价值和发展前景进行了全面、系统的介绍。不过该书是一本普及型读物，所以对具体的数学模型涉及不是太多，只能让读者略窥门道而已。

彭特兰在这本书里列举了不少用社会物理学来解决实际问题的实例，有些结果颇为出人意料，很有意思，也很具启发性。比如他和他的研究组曾经对美国银行的一个客户服务中心的运作进行观察并收集大量相关的和看似无关的数据（比如员工与管理人员的对话、员工与客户的对话、工间休息时员工之间的谈话），然后用社会物理学的方法对这些数据进行综合分析，从而得出一系列可能提高该中心的营运效率的改进措施。在彭特兰的研究小组所建议的措施中，有一条是改变工间休息的方式。这个中心为了便于管理，把他们的客服人员分成很多小组，每组约二十人。各个小组的工作性质其实是一样的——都是接客户的电话。原来工间休息的方式是让每个小组里的每个人轮流休息。彭特兰他们的建议则是以整个小组为单位，让每个小组轮流休息。因为根据他们的计算，这种让全组成员一起休息的方式，能促进员工之间的交流，从而增强想法流。美国银行采纳了他们的建议，仅仅这么一项简单的改变，就为银行每年增加了1500万美元的产值。像这样的例子书中还有很多。小到通过设立临时社群网络来造成社会压力，以提高校园里学生们在冬季加强户外锻炼的积极性；大到利用"发展数据"（D4D—Data for Development）以比较小的投入来大幅改善城市乃至整个国家的公共交通、卫生系统等基础设施。可谓是琳琅满目。

在彭特兰和他的合作者们所进行的一系列有关社会物理学的实验中，数据量动辄就是几千亿位元。在若干年前，如此庞大的数据量，再加上这些数据本身的杂乱和随机性质，不要说分析、处理、进行定量的计算进而得出有用的结果，就是简单地收集、分类都是极为困难的。但随着计算机功能的飞速提高，计算方法的大幅改进，特别是大数据分析和社会网络分析的不断进步，如今将社会物理学应用到我们的现实生活中已经具有实实在在的可行性。在不久的将来，在公司、城市甚至国家的规划、管理，以及有效地推动新理念、新法规的实施与执行等等很多方面，在经济学和社会学的各种不同领域中，我们都会越来越多地感受到社会物理学所起的作用及产生的影响。这门新兴科学可以说是前途无量，值得人们高度关注。当然，我们也必须看到社会物理学目前仍然处于起步阶段，还有许多问题亟待解决。一个突出的例子是，如何在保障个人隐私权的前提条件下，提供所需的大量个人信息。对这样的问题当下似乎并没有十全十美的解决办法。这类问题取决于全社会的共识，如果得不到妥善处理，社会物理学就仍然只能停留在"试验品"的阶段。

样式雷的屋顶与悬链线

从康熙到光绪，在长达两百多年的时间内，江西建昌（今江西永修）人雷发达一家七代人因长期掌管样式房（清代承办内廷工程建筑的机构）而得名"样式雷"。经"样式雷"设计、承办的大型工程有：故宫三大殿、颐和园、万寿山、玉泉山、香山园庭、热河避暑山庄、昌陵、圆明园东路工程、定陵、惠陵、隆恩殿等建筑。2007 年 6 月 20 日，联合国教科文组织公布，"样式雷图档"入选《世界记忆遗产名录》。中国目前入选"世界记忆遗产"的项目仅五项，"样式雷图档"便是其中的一项。

这个清朝御用的皇家建筑设计世家，为后世留下了许多辉煌的建筑，也留下了许多营建方面的宝贵资料，至今仍被建筑界使用和研究。其中有关皇宫屋顶规制的资料，不但详细说明了这类屋顶的等级、结构形式、材料和工艺等等，还特别指出，之所以必须做成规定的坡度和形状，是为了达到一种功效：在下雨时使雨水会流得最快，并在离开屋檐之后能射得最远。这种屋顶的形状就是在数学上称为悬链线的一类曲线。

故宫的屋顶

　　早在"样式雷"之前上百年，悬链线就已经在我国的桥梁建筑中出现过。据明朝万历《新昌县志》所载，位于浙江省新昌县桃沅乡刘门坞附近的惆怅溪之上的迎仙桥（桥长29米，宽4.6米，净跨15.6米。清代道光时重修）就是具有近似于悬链线拱的古石拱桥。

　　"样式雷"实际上解决的是一个动力学问题，就是要寻找一种曲线，如果让一个小球沿着这条曲线滚落，滚下来的小球将得到最大的速度，亦即使小球滚落所需的时间最短。迎仙桥则是一个静力学问题。两者均需要运用微分方程来解决，而结果则殊途同归，都是悬链线。当然，不管是"样式雷"还是迎仙桥的设计者，他们都不知道悬链线这种数学曲线，更不会微积分。他们的结果完全是从实

迎仙桥

践中反复摸索、总结出来的。

在西方,悬链线的出现与在中国非常不同。它是作为一个抽象的问题由达·芬奇(1452—1519)首先提出来的:一条两端固定、自然下垂的链子,其形状是什么?悬链线这个名称也是由此而来。这是个类似于迎仙桥拱的静力学问题。巧合的是,达·芬奇生活的年代正好也是明朝。达·芬奇虽然提出了问题,却没得出结论。曾经有人就这个问题问过集哲学家、物理学家和数学家于一身的笛卡儿(1596—1650),他也没能解决。大物理学家伽利略(1564—1642)认为它是抛物线,不过无法证明。此后很多年大家都相信伽利略的猜想是对的,不少数学家千方百计设法证明悬链线就是抛物线,直到法国的帕尔迪(Pardies,1636—

悬链线

1673）证明了伽利略其实是错的。帕尔迪的功劳是把大家从错误路线上拉了回来，然而他并没能得到正确的表达式。直到牛顿（1643—1727）和莱布尼茨（1645—1716）发明了微积分，才使最终解决悬链线的问题成为可能。莱布尼茨最先在1690年发表的一篇文章中提到他解决了悬链线问题，但不知什么原因莱布尼茨没有立即发表他的结果。若干年之后，约翰·伯努利（1667—1748）公布了他利用微分方程得到的悬链线表达式。同时，荷兰数学物理学家惠更斯（Huygens，1629—1695）也解决了这一问题。不过他的方法不如约翰·伯努利的漂亮。

说起伯努利，还有一段挺有趣的小故事。在我读大学的时候，数学课程里经常出现伯努利这个名字，而且是在多个不同的数学分支中，像伯努利数、伯努利分布、伯努利方程等等，不一而足。后来才知道数学家伯努利不止一个。事实上，伯努利家族一共出了八个大数学家。其中最杰出的要算雅各布·伯努利（1654—1705）和约翰·伯努利。

他们是亲兄弟，排行第五和第十。约翰·伯努利主修的本来是物理和医学，博士论文也是关于医学的，但他最大的贡献却是在数学领域。他的数学是在雅各布指导下自学的，所以雅各布应该算是约翰的老师。不过，兄弟俩到后来却成为竞争对手，并且以经常争吵而闻名。两人曾同时致力于悬链线的研究。尽管建议对这个问题进行研究的是雅各布，首先得到悬链线的正确解的却是约翰。这件事一直让约翰非常得意，觉得这是他在他们兄弟之争中的一大胜利。甚至在他哥哥去世十多年之后，在一封给朋友的信里他仍以颇为自得的口吻讲到这段往事："你说我哥哥提出了这个问题，这是事实。但这是否表示他有一个解决的方法呢？当然不是。当他在我的建议下提出这个问题（因为是我首先想起它来的）时，不论是他还是我都不知道如何解这个问题，我们绝望地认为它是不可解的。……我哥哥的努力毫无成果；而我则幸运得多，因为我发现了彻底解决这个问题的办法。……当我满怀喜悦地跑去找他时，他还在与这个难题痛苦地奋战，只是毫无进展，始终像伽利略一样认为悬链线是抛物线。我对他说停下来、停下来，别再折磨你自己了，试图证明悬链线等于抛物线根本就是错的！"

在伯努利等人解决了悬链线问题之后，悬链线又出现在若干个似乎互不相关的地方。其一为前面提到过的小球滚落的动力学问题。其二为一类运动学问题，一个简单的例子是一枚具有自动跟踪功能的导弹追踪沿直线飞行的飞机所走的轨迹。在西方，大概直到 20 世纪 60 年代悬链线才在工程中得到应用——悬链线吊桥（最早的设计是出自一位德国设计师之手）。

对比悬链线在中国和在西方的出现与发展的过程是很有意思的。在中国这是一个纯粹的从实践中来，到实践中去的过程。所用的方法是归纳法，从来没有人问过为什么，当然也就不可能上升到理论的高度。在西方，在达·芬奇提出这个问题后的最初几百年里，这基本上是一个抽象的纯数学问题，完全没有实际应用。所用的方法是演绎法，也没人关心解决了这个问题到底有什么用。当然，问题的提出还是来源于实际观察，也算是从实践中来。不同的是，他们对问题进行了深入的理论研究，得出了全面的科学结论，并且在这个基础上才又应用到实际中去。

为什么西方人会对这样一个在当时看似并无实际应用的问题如此感兴趣，并且锲而不舍地研究了几百年？为什么同时代的中国人尽管在实际中令人不可思议地应用了这种曲线，却对其"所以然"从未深究？这恐怕只能从文化传统中找原因了。正如人类学家莱斯利·怀特（Leslie White, 1900—1975）所说"如果让牛顿一直待在霍屯图特（Hottentot, 一个在南非的原始部落）文化中，他会像霍屯图特人一样进行计算"。这个题目太大，不是这篇短文所能论述清楚的。不过，有一点也许值得一提。西方文化根植于古希腊哲学，而古希腊哲学家们对几何学一贯极为重视。据说在柏拉图（公元前 427—前 347）担任院长近四十年的研究院的大

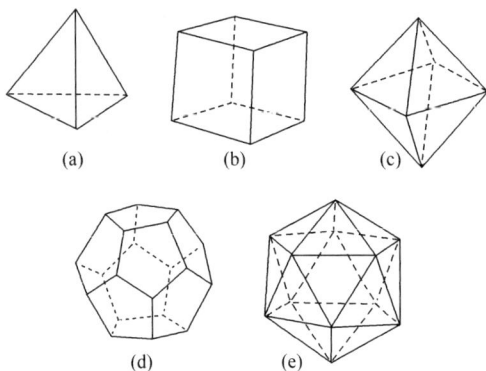

四面体（a）、立方体（b）、八面体（c）、十二面体（d）
和二十面体（e）

门上挂着一块牌子，上面写着"缺少几何学知识者莫入"。
柏拉图甚至试图用五种立体几何图形来解释物质结构，四
面体对应于火、立方体对应于土、八面体对应于气、二十
面体对应于水，十二面体则对应于整个宇宙。而在我国古
代，几何学乃至整个数学从来没有取得过能与哲学并驾齐
驱的地位。尽管我们的祖先也曾取得过不少辉煌的数学成
果，像圆周率的计算，开平方、开立方的方法等等都比西
方领先很多年。然而这些成果大都是以实际应用为目的，
缺少更高层次的抽象内容。比如解二元一次方程组，我国
数学家讲的是形象的"鸡兔同笼"，西方则是抽象的 x 和
y。尤其像素数、黄金分割率、公理体系这类纯抽象的概
念从未出现在我国古代数学之中。古希腊的几何学则是从
公理出发，以严格的逻辑推导为根本的。从而奠定了西方

数学重视演绎法的传统。而演绎法正是通向近代数学乃至近代科学的不可或缺的思维方法。

长久以来，很多人都问过这样一个问题：具有几千年历史的中国文化为什么没能孕育出近代科学？著名物理学家杨振宁曾经在一篇文章中归纳了五条（《曙光集》，367页）：

第一，中国的传统是入世的，不是出世的。换句话说就是比较注重实际，不注重抽象的理论架构。

第二，科举制度。

第三，观念上认为技术不重要，认为是"奇技淫巧"。

第四，中国传统里面无推演式的思维方法。

第五，有"天人合一"的观念。

悬链线的故事倒是为第一条和第四条提供了一个颇具说服力的例子。

图灵测试引发的联想

2012 年是图灵（Alan Turing, 1912—1954）诞生一百周年。为了纪念这位在第二次世界大战中为盟军战胜纳粹德国立下过汗马功劳的杰出数学家、逻辑学家、计算机理论家、密码分析家，图灵一百周年纪念咨询委员会提议将 2012 年命名为艾伦·图灵年。全世界很多国家和地区都举办了各种形式的纪念活动。4 月份，英国情报机构还特意解密了两篇图灵在"二战"期间为破译德军密码而写的论文。这两篇论文在 70 年后才得以面世，可见当年他的工作在英国情报机构中举足轻重的地位和深远的影响。

图灵自幼与众不同，从来就只对自己感兴趣的学科下工夫，对不喜欢的课程则不闻不问，所以不受某些老师的青睐。不过他很早就显露出在科学和数学方面的天赋。他没学过初等微积分，却无师自通，在 15 岁时就能用微积分解决问题。16 岁时，他不仅读懂了爱因斯坦的相对论，还引申出在书本中并未明确讲述的爱因斯坦对牛顿运动定律的质疑。1931 年至 1934 年他在剑桥大学国王学院学习，获得数学一等荣誉，并 1935 年因为在毕业论文里展现出

图灵

的才华而被选为国王学院院士（Fellow）。他在论文里独立证明了统计学中极为重要的中心极限定理（他不知道该定理已于 1922 年被 J. W. Lindeberg 所证明）。

图灵对人类的贡献是多方面的，而且不少工作都具有独创性和开拓性。比如他在博士论文中引入的序逻辑和预言机（用来研究决定性问题的抽象计算机）等，都是全新的概念。他在生物数学（尤其是在模式形成及形态发生的研究方面）领域中的工作也被认为是开创性的。图灵最重大的成就无疑是在计算机领域，他对计算机理论、算法理论和人工智能的贡献不仅是全方位的，而且是超时代的。尤其是他在 1936年的一篇论文中提出的通用图灵机（一种理论上的假想计算机，从而证实一定能构造出可以用来计算任意可计算问题的单一机器）可以说是现代计算机的奠基石，亦被不少人看作可存储程序计算机的原型。即使是今天，在计算机科学的任何一个分支中，图灵的影响都依然存在。这大概就是很多人把他尊为计算机科学和人工智能之父的原因。

除了在学术上的诸多成就之外，在第二次世界大战中，图灵还是英国情报机关破译德军密码的领军人物。由他主导研发的破译机 Victory 和 Turingery（来自他的名字）在破译工作中起了关键性的作用。他本人还直接领导了对德国海军指挥部与德军潜艇之间联络密码的破译。对德军潜艇行踪的掌握，使美国的援英物资能顺利抵达英国，也保证了盟军的诺曼底登陆作战能如期进行。据估计，如果没有图灵的杰出贡献，第二次世界大战的结束也许会推迟一至二年。在某种程度上说，他拯救了英国和数百万人的生命。所以在战后甚至有人提议应该为他建一座雕像，和丘吉尔的雕像放在一起。

图灵又是个十分不幸的人，悲剧源于他是个同性恋者。如果他只是一个默默无闻的小人物，在当时的社会环境里，虽然肯定会受到歧视，总还能苟活于世。不幸的是，他偏偏是个受瞩目、有地位的知名人士。在 20 世纪 50 年代的英国，同性恋被认为是一种病态。他在 1952 年曾因此被警方逮捕，后来还被强制注射某种荷尔蒙。这使他的身心都受到极大的伤害，以至于最终选择了自杀。图灵在自杀时还不忘幽人们一默，刻意在毒药瓶旁边放了一个苹果——在西方家喻户晓的童话故事《白雪公主》里，毒药与红苹果是联系在一起的。只可惜没有什么白马王子能让这位天才起死回生。

1950 年，为了试图回答人工智能研究中一个最根本的问题——机器是否能思维，图灵建议进行一种实验：由一组裁判利用计算机终端来提问，计算机分别与两个看不见的答问者相连，其中一个是人，另一个是利用人工智能设计的会话计算机程序——俗称聊天机器人（Chatterbot）。裁判通过五分钟的问答来投票判定哪个是真实的人，哪个是聊天机器人。图灵曾经预言，到 2000 年，30% 的裁判会被聊天机器人所蒙骗从而做出错误的判断。他认为果真如此"我们就可以毫无疑义地说，机器是可以思考的"。这就是著名的图灵测试。图灵测试每年举办一次，能骗过最多裁判的聊天机器人会被授予"最人类的计算机"奖，亦称为娄布诺奖（Loebner Prize）。图灵的预言并没能实现，最接近的一次是在 2008 年，离 30% 只差一票。

说到娄布诺奖，它的共同创办人、心理学家爱泼斯坦（Robert Epstein）还闹过一个大笑话。爱泼斯坦在 2007 年通过一个约会网站结识了一位名叫伊万娜的俄罗斯女士，不久之后他开始给她写长信。伊万娜也回长信给他，在信里讲述她的日常生活、家庭状况以及对他与日俱增的感情。直到 4 个月之后爱泼斯坦才发现伊万娜竟然是一个聊天机器人！

每年的图灵测试的结果，并不必然会随着人工智能的进步而逐年提高。比如 2008 年聊天机器人的得票数就远远高于 2009 年。这是因为作为聊天机器人对手的真人也会不断提高自身回答问题的技巧，以使裁判们更容易辨认

出他们才是真实的人。从这个角度看，图灵测试可以说是
人与人工智能的博弈。一方面是应用人工智能的方法使聊
天机器人更能混淆视听、更好地伪装成人；另一方面是人
想方设法地证明自己才是真实的人。这项博弈实际上也将
一个古老的哲学命题又一次摆在人们的面前：怎样定义人
自身。

古希腊的哲学家们感兴趣的是如何区分人与动植物。
比如亚里士多德认为存在三种灵魂：第一种是"营养性"
的，源于生物滋养和生长，为动植物与人所共有；第二
种是"欲求性"的，源于运动，只为动物与人所有；第
三种是"理性的"，为人所独有。其最关键的特性是**灵
魂是行为的结果而不是行为的起因**，也可以说亚里士多
德是用行为上的能力来区分人和草、木、禽、兽。这与
图灵测试似乎有相通之处，图灵提出的正是以机器的行
为来判定它是否能思考。与亚里士多德不同，笛卡儿不
但认为灵魂只有一种并仅为人所独有，而且自我以至整
个世界的存在不是取决于感觉、认知、体验等等，而是
取决于思维。从而有了那句名言："我思故我在。"人工
智能对哲学的一项重大挑战正是在这方面，如果有一天
机器具有思维的能力，那到底如何定义人、如何定义自
我？当然，思维的定义也许不像图灵提出的那么简单，
比如笛卡儿的"思"应该是更广义的，不单单涵盖逻辑
思维和分析。但只要有明确的定义和标准，随着科学技
术的不断发展，总是有可能实现的。计算机及人工智能

的出现，使哲学家们不但要区分人与动植物，还要区分人与越来越智能化的机器。

计算机的出现使我们不得不开始重新认识人类的特质。一些以前被认为是人类所独有的能力，像逻辑推理、分类归纳恰恰成了计算机的强项。而有些本不为人特别重视的能力，像漫无边际的闲聊和写作这类需要一定想象力或创造性的行为却是计算机望尘莫及的。这样看来，人类对自身的定义也许不再能仅用一两种能力来界定，而是需要一个综合且多元的组合。

目前计算机常用的运算模式与人脑的思维模式还具有本质性的差异。计算机一般采用纵向的算法（缘于图灵机的构想），即一步接一步地算，就像我们平常算算术那样。但人脑在大多数情况下并不是这样工作的，比如在我们谈话时，一句话的意思往往可能有多种解释，很多情况下也不单单取决于前一句说的是什么，而是取决于整个对话的过程以及谈话的对象甚至环境。这大概既是聊天机器人为什么一直无法通过图灵测试的最根本原因，同时也是人工智能的另一重要领域——机器翻译所面对的难题。于是运算模式的变革开始逐渐受到计算机科学家们的关注。

其实在计算机刚刚起步的 40 年代就存在两种不同的理念：形态导向、以统计为基础的"模糊"模式和算法导向、以逻辑推理为基础的"清晰"模式。七十多年来，后者一直占统治地位。但前者也并没有完全销声匿迹，尤其在近二三十年，神经元网络和模拟计算都取得了长足的进展，并在应用方面有所突破。比如2006年的机器翻译大赛的结果就曾让所有的专家、学者都跌破眼镜。那年翻译的语言是阿拉伯文和中文，而比赛中获胜的谷歌团队里面没有一个人会这两种语言！他们的办法是让计算机通过"阅读"大量翻译好的文件（主要是联合国的文件）来学会翻译。这与传统上依靠字典加语法的方法有着本质的区别，它更接近人脑的思维模式。

人作为个体的存在性和定义不但受到来自人工智能方面的挑战，同时也受到来自生物学和医学方面的挑战。多年前，判定人的生死是以心跳是否停止为准。但如今心脏都可以移植，心跳与否自然不能再用来当准则，所以医院目前是以脑死与否来判定生死。然而随着基因研究的不断深入，生物学和医学的发展日新月异，很多过去不可思议的事都一件接一件地发生了，各种器官移植早已不是什么新鲜事。特别是干细胞研究的突飞猛进，在不久的将来实现自体器官的再生也不是不可能。这就产生了一个问题，当一个人身上的零部件全部换过一遍之后，他还是不是"他"？换句话说，我们到底如何定义自我。粗看起来，身上的什么部件都可以换，但是脑子不能换。换了脑子，你就不是"你"，我也不是"我"了。这似乎意味着，除了大脑，我们身上的所有部件（器官、肢体等等）都仅属于"我的"的范畴，唯独大脑才真正属于"我"。不过仔细分析起来，大脑不过是个信息存储器，只有那些存在里面的信息才真正定义了你、我、他。然而，存储于大脑神经元里的信息与存储于计算机里的信息并没有什么实质性的不同，所以从理论上讲也是可以复制的。不妨设想有一天我们能将大脑里存储的全部信息复制下来，存入一个应用未来基因工程技术制造出的空白大脑，这岂不意味着复制了一个人吗？有一次我和我父亲闲聊起这个话题（他是北京大学哲学系的教授），他认为即使真能做到了这一切，也并没有真正复制出同一个人，因为人的思维是不停顿的，而复制信息是需要一定时间的。在复制的过程中，脑子里的信息就又发生了变化，所以我们复制的仅是"过去"的全部信息，产生的是一个与某人在某一时刻具有相同思维"背景"的新人，而并非复制了那个人。我想我父亲的说法大概是基于哲学上的自由意志论，信奉决定论的人未必会同意。从决定论的角度看，一个人在"下一刻"的思维是由他脑子里存在的信息与周边的环境所决定的，如果在复制的过程中将环境的因素也一并考虑进去，还是有可能复制出同一个人的。照这个思路追索下去，好像越来越说不清了。

不管怎么说，如果有一天真的能复制人脑中的全部信息，人的存在性就不可避免地会发生严重的危机，更可能引发无法收拾的社会问题。

宇宙常数与暗能量

2011年的诺贝尔物理学奖被授予三名天体物理学家：珀尔马特（Saul Perlmutter）、施密特（Brian Paul Schmidt）和里斯（Adam Guy Riess）。他们的主要成就是通过对距离遥远的超新星的观测，推断出宇宙正在加速膨胀，从而开启了人们对神奇的暗能量的认识之门。他们的发现被誉为"最近三十年来对物理学最大的震撼"。要想了解这项工作的重要意义，还得从爱因斯坦的广义相对论说起。

爱因斯坦在发表了广义相对论之后，有一个问题一直困扰着他：宇宙中所有的物质之间都存在相互吸引的引力，为什么它们没有被吸到一起？是什么让宇宙能维持目前这种相对稳定的状态？这个问题很多年前就曾经让牛顿大伤脑筋，无路可走之下，牛顿最后只好把原因归结为上帝的安排。为了使宇宙不至收缩成一团，爱因斯坦在他广义相对论的引力场方程里引入了一个常数——宇宙常数，这个常数的作用是让宇宙间存在一种负压强。在日常生活中，我们知道流体（比如水）总是从压强高的地方流向压强低的地方。这种无处不在的负压强则会使宇宙具有膨胀的

索尔·珀尔马特　　　　　　　　布赖恩·施密特

趋势，如果宇宙常数具有一个恰到好处的数值，负压强就能正好平衡掉物质间的引力，从而形成一个稳定的宇宙。

然而这一回物理学却和爱因斯坦开了一个大玩笑。

1929 年，被尊为星系天文学之父的哈勃（Hubble, 1889—1953）发现距地球越远的星系，离地球而去的速度就越快，而且这个速度（V）和地球与星系间的距离（D）成正比（D＝H×V）。这就是著名的哈勃定律，比例常数 H 被称为哈勃常数。哈勃定律不仅适用于从地球上进行的观测，而且也适用于从宇宙中任何地方进行的观测，也就是说，无论观测者在哪儿，都会看到同样的现象。它意味着星系与星系间的距离在不断变大，因而宇宙并非是一个静态的、稳定的宇宙，它正在不断地膨胀！由此看来，在引力场方

亚当·里斯

程中加进宇宙常数就成了画蛇添足之举。以宇宙在膨胀这一事实为出发点，如果将宇宙的演化看成一部电影，把这部电影反过来放就不可避免地得出宇宙有"起点"的结论，这是最早的对勒梅特（Lemaître，1894—1966）在 1927 年提出的宇宙大爆炸理论的有力支持。根据大爆炸理论，宇宙最初从一点爆发出来，整个宇宙空间连同其内的物质一起"向外"膨胀，不管我们以哪个星系作为立足的观测点，其他星系都在离我们而去，这也正是哈勃定律的结论。有一点必须说明一下，"向外"是不确切的说法，因为根本没有"外"，膨胀的是我们身处其中的宇宙空间本身。

哈勃的发现具有划时代的意义。可惜在他活着的时候诺贝尔物理学奖是不授予天文学方面的成果的，否则哈勃必获诺贝尔物理学奖无疑（他死后不久，规则就修改了）。在得知了哈勃的观测结果之后，爱因斯坦立刻意识到宇宙常数的引入使他与从理论上预见到宇宙膨胀失之交臂。据说爱因斯坦曾对人讲过，引入宇宙常数是他犯的"最愚蠢的错误"。

初看起来，由于宇宙中物质间存在着引力，而引力具有让物质聚拢到一起的趋势，宇宙膨胀的速度应该会逐渐减小并在某个时间达到零。之后，宇宙将开始收缩，最终所有的物质将聚集成密度无穷大的一点，这就是宇宙的"大挤压"（Big Crunch）终结。不过也存在另一种可能，如果宇宙中的物质不够多，膨胀速度的减少就会不够快（减速度不够大），引力的作用则无法使膨胀速度最终达到零，那么宇宙就会永远膨胀下去。换句话说就是宇宙膨胀的减速度（与宇宙里所有物质的总质量相关）决定了宇宙的归宿。在宇宙学中，科学家们用一个称为 Ω 的值来衡量宇宙膨胀的减速度的大小，如果 Ω 小于 1，宇宙会以"大挤压"终结；如果 Ω 刚好是 1，宇宙膨胀的速度最终会趋于零，但那是在无穷久远之后，因而宇宙不会收缩。

这个减速度如果真的存在，它将是对哈勃定律的一种修正，即会使膨胀速度与距离的关系稍稍偏离哈勃发现的线性关系。由于宇宙中物质的平均密度很低，引力引起的减速度非常之小，因而只有测量到非常遥远的星体的速度，才有可能看到速度与距离的关系是否（以及如何）偏离哈勃定律。麻烦的是，对于很远的星体，传统的测量距离的方法是不灵的。测量遥远星体的距离曾经是对天文观测的一个高难度挑战。比较可行的方法是通过测量星体的亮度来推算距离。一个具有一定亮度的物体，距离越远，看上去就越暗。一旦知道一个物体的绝对亮度（即零距离时的亮度），无论它在什么距离之外，通过测量它的相对亮度就可以算出它的距离。在天文学里，能够知道其绝对亮度的星体被称为"标准烛光"。经过千挑万选，天文学家们发现只有超新星有可能作为"标准烛光"。

超新星是某些恒星在演化接近末期时经历的一种剧烈爆炸。这种爆炸都会发出极其明亮的光，过程中所突发的电磁辐射经常能够照亮其所在的整个星系，并可持续几周至几个月才会逐渐衰减为不可见。根据估算，在像银河系大小的星系中，超新星爆发的概率约为50年一次。有关超新星的最早记录出自我们的老祖宗之手，《后汉书·天文志》载："中平二年（185）十月癸亥，客星出南门中，大如半筵，五色喜怒，稍小，至后年六月消。"这是历史上有记载的第一颗超新星，这颗超新星在夜空中照耀了八个月。虽然人类很早就观测到超新星，但想找到极为遥远的超新星却非常困难。另外，超新星有不止一种类型，最终可用作的"标准烛光"仅 Ia 型一类。

为了寻找远距离超新星，在1986年左右，洛伦兹—伯克利实验室专门设立了一项研究计划，即 Supernova Cosmology Project（SCP），这个项目最初由潘奈派克（Pennypacker）领导，珀尔马特是成员之一。潘奈派克的学问虽然不错，但不善组织管理，时常把经费搞得乱七八糟。后来就由珀尔马特接手领导 SCP。这个团队的成员主要是粒子物理学家，对天文学界来说他们是天文观测的门外汉，同时也可以算是"入侵者"。开始时很多人都等着看笑话，也有人认为这是在浪费资源，像天文学界的重量级人物、哈佛大学的科什纳（Kirshner）就经常给他们小鞋穿。但是当 SCP 观测到了第一颗远距离超新星后（1992 年），天文学界不得不开始对他们刮目相看。到1995 年他们已经建立了一整套寻找远距离超新星的有效方法。也是在这一年，在施密特倡导下，以天文学家为主体的 High-z 团队正式成立了。High-z 的成员来自很多国家，他们以投票的方式来决定是由重量级的科什纳还是由刚获得博士学位不久的施密特担任"首领"。选举结果让很多人跌破眼镜——施密特胜出。那时大概没人会想到这次投票实际决定了 2011 年的诺贝尔物理学奖会花落谁家。High-z 成立时已经比 SCP 落后了五六年，为了在这场竞赛中不被淘汰，必须急起直追。但是要想在超新星的数量上赶上 SCP 几乎已经不可能了，因此他们决定利用正牌天文学家在观测和分析技巧方面的优势，从质量上下工夫。由于定位得当，High-z 不久就具备了与 SCP 一较短长的实力。这两个研究团队间的竞争用惨烈来形容也不算过分，他们之间的恩怨纠葛足可以写一本小说。

1998 年初，经过多年的不懈努力，由珀尔马特领导的 SCP 和施密特领导的 High-z 团队终于收集到了足够的 Ia 型超新星的观测数据，可以计算决定宇宙"命运"的 Ω 值了。由里斯主导而得出的计算结果（所用的绝大部分超新星观测数据来自 SCP）却让所有的人瞠目结舌——宇宙膨胀的速度不但不是在减少，反而是在不断增加。也就是说宇宙间可能存在一种无处不在的、推动整个宇宙加速膨胀的"暗能量"。更有甚者，这种奇特的暗能量占了宇宙总质量/能量的73%之多。这样的结论在一开始实在有点难以让人接受。于是有天文学家提出，也许宇宙中存在某种灰色尘埃，使超新星的亮度看上去比实际的亮度暗，从而导致了对距离的误判。如何排除灰色尘埃存在的可能性，使天体物理学家们伤透了脑筋。里斯那时是High-z的成员，同时也在太空望远镜科学研究所工作。他很快想到了一个可行的判断方法：大爆炸提供了宇宙膨胀的原始动力，其后的一段时间里由于宇宙空间很小，物质的密度很大，物质间的引力占统治地位。这期间引力的作用使物质聚拢而形成星体、星系、星系团，同时也会使宇宙膨胀呈减速的趋势（但也不足以使膨胀停止）。随着宇宙不断地变大，物质的密度不断降低，物质间的引力逐渐减弱。当宇宙大到一定程度后，暗能量的作用就会超过引力的影响，宇宙膨胀的速度则开始从减少变成增加。如果真是这样，在这个转折点之前的超新星虽然更远（注意：我们看到的更远的星体，也就是宇宙更早期时它的状态）却反而应该更亮！这相当于说极遥远超新星和遥远超新星对哈勃定律的偏离应该是相反的。而灰色尘埃则不可能导致这种反向的偏离。只要能找到一颗极遥远的超新星，前面的难题就迎刃而解了。非常巧的是，在1997年，为了证明太空望远镜可以"见"地面望远镜所不能"见"，吉利兰（Gilliland）和菲利普斯（Phillips）曾经观测了两颗极远距离的超新星——SN1997ff和SN1997fg。不过由于他们的目的仅是显示太空望远镜的优越性，这两颗超新星都只各有一次观测记录。而要确定超新星的标准亮度，需要多次在不同时间的观测结果。里斯抱着极为侥幸的心理查阅了 SN1997ff 和 SN1997fg 从爆发后到熄灭前这段时间太空望远镜的所有观测记录，他是想碰碰运气，看是否有人在进行其他目的的观测时恰巧捎带记录下了这两颗超新星的数据。里斯的运气实在是太好了，在 1997 年 12 月 26 日、1998 年 1 月 2 日和 6 日的记录里真的存有 SN1997ff 的数据。经过对这些数据的分析，SN1997ff 明显显示出对哈勃定律相反方向的偏离。里斯的结论为 SCP 和 High-z 共同完成的这项改变人类对宇宙认识的重要研究画下了一个完美的句号。

如果暗能量真的存在，它的效应就像前面提到过的负压强，也就意味着广义相对论的场方程里应该有那个宇宙常数。真是三十年河东、三十年河西，引入宇宙常数忽然又从"最愚蠢的错误"一下变成了远见卓识！

近年来，一系列新的观测结果基本都指向同一结论：暗能量确实存在，宇宙正在加速膨胀。这意味着在很多亿年之后，各星系团之间的距离将太为遥远，以至于光都不能从一个星系团达到另一个星系团。如果那时人类还没有灭绝，他们将只能看到本星系团之内的星星，甚至根本不知道宇宙中还存在着其他的星系团！

找寻"上帝粒子"

2008 年 8 月，集二十余国之力，耗时十多年，投资超过 100 亿美元的大型强子对撞器（Large Hadron Collider，LHC）终于完工了。这个由欧洲核子研究组织建造的有史以来最庞大、最复杂的超级实验装置坐落在离日内瓦不远的法国和瑞士的边境处，它的一部分在法国境内，另一部分在瑞士境内。其主体部分是一个埋在地下 100 米深处、将近 27 公里长的环形隧道。这个隧道是 LHC 的主加速环，两束向相反方向绕行的质子（构成原子核的基本粒子之一）将在里面被加速到极高的速度（光速的百分之 99.9999991），然后引导它们迎头对撞。为了把质子束保持在加速环内并在设定的准确位置进行对撞，LHC 用了 1400 块巨形电磁铁，用来制成这些电磁铁线圈的铌钛合金导线就长达 7500 公里，重 1200 吨。每根导线都是由 6400 股只有头发的 1/10 粗细的铌钛合金细丝组成，如果把这些细丝连接起来，其长度是从地球到太阳距离的 10 倍。整个 LHC 有将近一万块大大小小的电磁铁，这些磁铁大部分还必须处于超导（零电阻）状态，为此使用了 10080 吨液态氦将它们的温度维持在零下271摄氏度。LHC很可能是宇宙里最冷的地方了，除非真的存在比人类智力更发达的外星人，以更高的技术创造出更冷的环境。除了低温，质子运行的管道里还需保持很高的真空度，否则质子会与空气分子发生碰撞而前功尽弃。要将27公里长的管道中的气压维持在不到月球表面气压的1/10，难度可想而知。

经过上万名科学家和工程技术人员十几年的努力，LHC终于在2008年8月开始运行。可是好事多磨，仅一个多月后（9月19日），LHC就发生了一次重大意外——大量用于维持电磁铁超导状态的液氦泄漏，引起一块接一块的电磁铁停止工作，最后导致LHC不得不停机。除了技术原因，这次大事故据说与当时欧洲核子研究组织的总干事法国人艾玛（Robert Aymar）的官僚主义也颇有关系。艾玛的任期为2004—2008年，他一心想让LHC能在他离任之前运转起来，所以一个劲儿地要"大干快上"，以致酿成大祸。为了杜绝类似意外再次发生，科学家和技术人员花了一年多的时间对LHC进行了结构性的修改。LHC的第二次开机则已经是2009年的11月了。到目前为止，LHC一直运转正常，并且在2010年3月30日达到了最高设计能量的一半（7TeV），远远超过了此前美国费米实验室保持了八年之久的世界纪录（1.96TeV）。

建造LHC的最直接目的是寻找一种叫作希格斯玻色子（Higgs boson）的粒子，物理圈里常称它为"上帝粒子"。按照目前被物理学界普遍认可的所谓"标准模型"，基本粒子之所以有质量，全是拜希格斯玻色子之赐。而质量是构成我们生存的现实世界的最基本因素之一，这大概就是物理学家们会把找寻希格斯玻色子列为重中之重的主要原因吧。最近列出的 2011 年科学界可能发生的十件大事之首就是在 LHC 的实验中发现"上帝粒子"。

要想了解"标准模型"的来龙去脉，我们必须从宇宙间的各种基本相互作用力讲起。

人类对自然界中存在的基本相互作用力的认识，经历了一个从宏观到微观的过程。牛顿的万有引力定律是人类开始了解第一种基本相互作用力——引力的标志。爱因斯坦的广义相对论将引力与空间和时间联系在一起，把对引力的认识推上了一个新的高度。麦克斯韦（J C. Maxwell, 1831—1879）在 1865 年建立的描述电场、磁场与电荷密度、电流密度之间关系的麦克斯韦方程则是人类认识第二种基本相互作用力——电磁力的里程碑。引力和电磁力是宏观上可观测的相互作用力，是在日常生活里看得见、摸得着的。第三种基本相互作用力是弱相互作用力，也称作弱核力。弱相互作用的一个典型的例子是原子核里的中子释放出一个电子和一个反中微子而变成质子（β衰变）。最后一种基本相互作用力是强相互作用力，它是把质子和中子结合在一起形成原子核的力，同时也是把称为夸克和胶子的更基本的粒子聚在一起形成质子和中子的力。强相互作用力具有很奇特的性质。从直觉上来说，当相互作用的物体离得越远时，它们之间的力应该会变得越弱。上面提到的引力、电磁力和弱相互作用力都是这样。而强相互作用力却恰恰相反，越是把相互作用的物体拉开，它们之间的力反而越强，就像揪一根橡皮筋一样。弱相互作用和强相互作用只存在于微观世界中，在我们生活的宏观世界里是不能直接感受到的。

将自然界中存在的各种基本相互作用力统一到一个普适的框架中，从而构造出一种"万有理论"（也叫大统一理论）是很多理论物理学家追逐的梦想。爱因斯坦是这方面的先驱。他在晚年时一直致力于统一场论的研究，试图把广义相对论与电磁学整合成为一个单一的场论。不过他的努力并未成功。从后来大统一理论发展的实际过程来看，引力虽然是最先被认知的力，但却是最难纳入统一框架的力。另一位物理学大师、量子力学的奠基人之一海森堡则另辟蹊径，从对称性入手，他提出物理性质很接近的质子和中子可能是处于不同表象的同一种粒子。二十多年后，海森堡的想法被著名华裔物理学大师杨振宁采用，并最终在 1954 年发展出杨—米尔斯规范场理论。可以毫不夸张地说，规范场理论的提出改变了整个理论物理学。它为后来的弱电力统一理论、"标准模型"和量子色动力学等等重要理论奠定了基础，对从理论上发现构成质子和中子的夸克起了很大的作用。时至今日，它的重要性还在物理学的各个领域及纯数学中不断显现。不过，杨—米尔斯理论在刚提出时并没有立即引起物理学界的足够重视。当时的主要问题是，具有规范不变性的粒子其质量只能为零，这与现实世界里的粒子似乎联系不到一起。直到若干年后，著名日裔物理学家南部阳一郎（1921— ）和戈德斯通（J. Goldstone，1933— ）等人提出了无质量的粒子可以通过一种所谓"对称性自发破缺"的机制而获得质量，才使杨—米尔斯理论又成为研究的热点。

20 世纪 60 年代，格拉肖（S. L. Glashow，1932— ）、萨拉姆（M. A. Salam，1926—1996）和温伯格（S. Weinberg，1933— ）在杨—米尔斯规范场理论和"对称性自发破缺"机制的基础上创立了弱电统一理论，将电磁力和弱相互作用力整合到了一起。为此，他们获得了 1979 年的诺贝尔物理学奖。据说温伯格解决弱电统一问题的关键想法是在路上开车时想出来的，据此写成的论文仅仅两页半纸，但它后来却成为被引用次数最多的物理学论文之一。另外一个有趣的事情是，格拉肖和温伯格同为纽约明星高中——布朗士科学高中的学生，在中学时期就是朋友，两人毕业后又一起进入康奈尔大学。这种从中学到大学一直是朋友，后来又共同获得同一次诺贝尔奖的例子大概是绝无仅有的。

在格拉肖等人建立弱电力统一理论的同时，另一批物理学家则在致力于强相互作用的研究，其最主要的成果就是夸克模型。由于篇幅所限，对这一方向的研究过程及其结果在此文中只好按下不表了。

从弱电力统一理论和夸克模型出发，经过很多人的不懈努力，在 1970 年代中期，电磁力、弱相互作用力和强相互作用力总算被纳入同一理论，粒子物理的"标准模型"终于诞生了！它将所有已知的基本粒子全部囊括其中，并且成功解释了一系列有关基本粒子的实验。"标准模型"最辉煌的成果是预言了三种传递弱相互作用的粒子 W^+、W^- 和 Z^0 的存在。1983 年 1 月和 5 月，W 和 Z 粒子先后在欧洲核子研究组织的加速器上被发现，它们的发现者鲁比亚（C. Rubbia, 1934—　）和范德梅尔（S. van der Meer, 1925—　）第二年就被授予了诺贝尔物理学奖。

　　"标准模型"的一个关键部分就是引入了希格斯机制，即有质量的粒子是通过希格斯场的对称性自发破缺而获得质量的。这一构想的奠基人是南部阳一郎，他在 1959 年借用超导理论中的概念论证了对称性自发破缺使粒子具有质量的可能性（这方面的研究成果为他赢得了 2008 年诺贝尔物理学奖）。事实上，如果他再前进一步，希格斯玻色子现在可能就该叫作南部玻色子了。在研究了南部阳一郎的理论之后，1964 年 7 月，希格斯（P. W. Higgs, 1929—　）在欧洲的《物理快报》上发表了一篇短文，用规范场理论从数学上证明了可以存在一种玻色子，通过对称性自发破缺而使它自己和其他粒子获得质量。同年 6 月和 10 月，美国的《物理评论快报》也收到了两篇内容与希格斯的短文一样的论文，分别由恩格勒（F. Englert）和布罗特（R. Brout）及古若尼克（G. S. Guralnik）、哈根（C. R. Hagen）和基布尔（T. W. B. Kibble）独立完成。两年之后，希格斯进一步将他 1964 年的理论具体化，最终给出了完整的希格斯机制。他把这篇意义重大的论文投给《物理快报》，不料却被退了回来，

彼得·希格斯

因为编辑认为他的文章与物理没有实质性的联系。希格斯于是在结尾处又加了一小段，指出文章中提出的使粒子产生质量的机制也许可以被应用于强相互作用。希格斯后来推测，可能正是由于这段后加上去的叙述才导致以他的名字命名了这种玻色子——希格斯玻色子。

对于圈外人来说，希格斯机制可能不太容易理解。因此，英国科学大臣沃尔德格雷夫（W. Waldegrave）曾经在1993年悬赏一瓶昂贵的香槟酒，以换取一页纸的关于希格斯机制的解释，前提是得能让他读懂。不少物理学家提出了各种各样的比拟，其中理论物理学家埃利斯（J. R. Ellis）对希格斯机制做了如下的形象比喻："希格斯场就像一片雪地，设想你在雪地里行走，你肯定会感受到自己的'质量'——你会觉得雪在拖你的后腿。现在，想象雪突然化了，你将能够轻而易举地向前走，因而不再感觉到自己的'质量'。"宇宙在形成之初的一段极短暂的时间里，具有完美的对称性，这就好比是没有雪的地面。之后温度下降，希格斯场的对称性自发破缺——相当于雪覆盖了地面。于是，粒子有了质量。

除了希格斯玻色子，"标准模型"中的所有其他粒子都已经在实验中被直接或间接地观测到了。因而希格斯玻色子是整个"标准模型"缺少的最后一块拼图，同时又是最重要的一块。一旦找到了它，我们就找到了宇宙间物质质量的来源。

当然，也不是所有的物理学家都相信能找到希格斯玻色子。英国著名理论物理学家霍金就曾经打赌说欧洲核子研究组织的大型电子—正电子对撞器（LHC 的前身）不可能发现希格斯玻色子。事实证明他赢了。希格斯自然心里不怎么服气。在一次晚宴上，他口无遮拦地说："由于很难与他直接讨论（按：霍金患有肌萎缩性侧索硬化症，无法与其他人正常交流），他可以轻易地从他所宣称的东西上脱身，而别人则不能。他的明星身份带给他别人无法具有的直接优势。"这一下捅了马蜂窝，被英国媒体大加宣扬。希格斯后来写信向霍金道歉，霍金也回信说他并不介意。不过霍金没忘了在信中又加上一句，说他仍然不相信在未来的实验中——包括 LHC 会发现希格斯玻色子。有不少人对这桩公案颇不以为然，某位不愿具名的物理学家就说："批评霍金有点像批评戴安娜王妃——你别在公共场合说。"

究竟"上帝粒子"能不能被观测到，目前的希望全寄托在 LHC 身上。当 LHC 在 2013 年达到最高设计能量时，将"还原"出宇宙处于最初（即大爆炸开始后）200 万亿分之一（5×10^{-15}）秒时的状态，这个时间是否"早到"能发现希格斯玻色子，现在并无定论。谜底在不久的将来就会揭晓，全世界关心物理学发展的人们都拭目以待。

注： 希格斯玻色子已于 2013 年 3 月 14 日被确认存在。

古往今来话扭结

扭结就是我们日常生活中经常碰到的在绳子上打的结，北方人管它叫疙瘩。结在我国有很长的历史，最早的文字记载见于《系辞》下："上古结绳而治，后世圣人易之以书契。"（郑玄《周易注》称，"事大，大结其绳；事小，小结其绳。"）那时的结是记事的工具。后来出现的比较复杂的结，像蝴蝶结（出现在唐代永泰公主墓的壁画中）、同心结（最早记录于梁武帝诗词中："腰间双绮带，梦为同心结。"）、如意结和吉祥结等等，则都是作为装饰物的。到了清代，绳结已俨然被视为一门艺术，样式既多，花样也巧，结构当然也变得越来越复杂。

古希腊有"难解之结"（Gordian Knot）的故事：弗里吉亚的老百姓决定让第一个驾牛车进入首都的人当下一任的国王，结果一个名叫哥迪阿斯（Gordius）的老农成了国王。他受宠若惊之余，把牛车系在一根柱子上。而他打的这个结相当复杂，很久都没人解得开。于是就得了"难解之结"的名头。后来人们又决定，如果谁能解开这个结，谁就可以成为新的国王。最后解开此结的人是历史上著名

同心结

的亚历山大大帝（在公元前333年）。不过他的办法是个赖皮的办法——用宝剑把"难解之结"给削断了。

在西方，扭结的发展经历了一条与我国非常不同的过程。他们也有各种各样的结，像渔人结、祖母结、吊人结等等。不过，这些结都没有达到同心结那样的复杂程度。在他们那里，结之所以引起重视是与航海事业的发展密切相关的。为了方便，人们开始把那些在船上所有应用的结加以分类并记录下来。早在17世纪，英国就出版过若干本有关结的书，其中之一是探险家约翰·史密斯（John Smith, 1580—1631）所著。此君为后人所知，倒不是因为写了这本书，而是因为他在美洲新大陆与印第安公主宝嘉康蒂（Pocahontas）有过一段交往。宝嘉康蒂是迪士尼动画电影《风中奇缘》的主角，她的故事在欧美国家可说是家喻户晓。

从数学上对抽象的扭结进行研究，始于法国数学家范德蒙（Alexandre-Theophile Vandermonde, 1735—1796）在1771年发表的一篇论文。他首先发现了可以用位置几何学的方法来研究扭结，也就是说扭结的性质是由构成它的线的相对位置决定的，而与其大小无关。之后德国的"数学王子"高斯（Gauss, 1777—1855）也在此领域里做过一些工作。数学上

圆、三叶结和八字结

研究的扭结都是封闭的，即没头没尾。最简单的扭结就是圆，构成它的线没有交叉点，所以它其实是"无结"。稍微复杂一点的是三叶结，它有三个交叉点。

和很多其他数学理论一样，扭结理论开始受到重视，也是拜物理学之赐。1860年代，热力学之父威廉·汤姆森（William Thompson，1824—1907，也就是开尔文勋爵）提出了一个大胆的设想：原子的结构可以用扭结来描述，越复杂的原子对应于越复杂的扭结。为了解释元素周期表，就需要对扭结进行分类，以期发现原子与扭结之间的内在联系。首先需要回答的问题是如何界定扭结实质意义上的同与不同。在不把扭结的线"剪"断的前提下，如果仅通过将一个扭结的线揪来揪去而变成另一个扭结，这两个扭结就被定义为是等价的。所以有很多看似完全不同的扭结（在此意义下）其实是一回事。最初等的分类方法是以交叉点的个数为基准，把具有相同交叉点数的扭结算作一组，看看每组里面有多少是独立（互不等价）的。汤姆森的朋友塔特（Peter G. Tait，1831—1901）用的就是这种办法。这是件极为烦琐的工作，比如有八个交叉点的扭结就有256种需要分析。1885年塔特完成了对十个交叉点的所有扭结的分析，他决定到此为止，因为那时物理学的发展已经证明汤姆森的原子模型完全错了。不过对扭结的研究并没有因此而停止，只是又重新回到了纯数学的道路上。

要判断两个扭结是否等价绝非易事。一个有趣的例子是，1899年公布的扭结分类表中，列出的十个交叉点的独立扭结有43个。然而在75年之后，纽约的一个律师（兼数学家？）却发现其中有两个实际上是等价的。而他所用的方法极为原始——在地板上摆弄以真绳子做成的图形。其实这也并不奇怪，试想把一个根本没打结的圆圈揉成一团，它看上去可以很复杂，如果不动手去解，单凭观察，怎么能判断它到底有没有打结？为了彻底解决这类问题，人们开始着手从数学上对扭结的"不变量"进行研究。所谓"不变量"说白了就是想找到一个可以被用来描述扭结内在性质的"量"，如果两个扭结的这个"量"不同，就可以断定它们是不等价的。第一个扭结"不变量"是由美国数学家亚历山大（James W. Alexander，1888—1971）在1928年发现的，这是扭结研究中的一次重大突破，这个"不变量"后来就被称为亚历山大多项式。其后很多年，数学家们都以为亚历山大多项式是唯一的扭结"不变量"。直到1984年，一个偶然的机会让新西兰裔数学家琼斯（Vaughan Jones）发现了一个新的"不变量"——琼斯多项式。

琼斯的发现引发了一波研究"不变量"的热潮，越来越多新的"不变量"被相继发现。更为意想不到的是，琼斯多项式又揭示了若干个数学领域与一些物理学领域之间的内在联系。特别是在 1987 年前后，考夫曼（L. H .Kauffman）等人找到了扭结与物理学中的一类模型之间的对应关系，这激发了人们对扭结的新兴趣。在真实世界中，物理学研究的对象大多过于复杂，所以物理学家们构造了各种各样的模型，它们既能反映研究对象的主要特点，又能把复杂性尽可能降到最低。为了研究水在 0 摄氏度时会结冰而在 100 摄氏度时会沸腾这类"临界"现象，在物理学中产生了一批相应的模型，其中有一类可以得到数学上的完整解答，这就是所谓的精确可解模型。扭结理论正是与它们联在了一起。在这类模型的研究中占核心地位的杨—巴克斯特方程从而一下子成了研究扭结的利器。这次扭结与物理学的结合跟上一次很不相同，上次是物理学的需要为扭结研究提供了动力，这次则是物理学的方法直接应用到了扭结的研究之中。杨—巴克斯特方程里的杨就是大名鼎鼎的杨振宁先生，这个方程也是他最重大的三项成就之一（另外两项是杨 - 米尔斯规范场理论和证明宇称不守恒）。巴克斯特（Rodney Baxter）也是统计物理学领域里泰山北斗级的人物。他们两人有一个共同的特点——数学极棒，不但能驾驭非常复杂的运算，而且能透过现象抓住实质性的东西。与这两位大师我多少还有过一些接触。我的博士学位是在杨先生主持的石溪纽约州立大学理论物理所读的，与杨先生抬头不见低头见，自不必说。而我的博士论文则与巴克斯特取得的两项非常重要的成果直接相关（我们提出的两个猜想后来被他证明）。在与巴克斯特不多的几次接触中，我还闹过一个小笑话。那是在石溪读书的时候，有一次他来访问，我的导师在家里设宴招待，我也恭陪末座。巴克斯特很能喝酒，喝完伏特加又喝威士忌。酒足饭饱之余，他问起什么地方可以喝到奶昔，我随口说"汉堡王就有"，没想到几位在座的教授都哈哈大笑。转念一想，汉堡王是我们这些穷学生去的地方，哪好推荐给他们这些成名人物。

扭结理论自诞生之日起，其研究的对象一直是数学上抽象的结。从基本的物理原理出发来研究真实的绳子在何种情况下会缠绕并打结，则迟至 2007 年才开始。很多人可能都有这样的经验：当打开提包拿出手提电脑时，它的电源线有时会"自动"打上烦人的结。大多数人面对这种情况只能自认倒霉，把结解开了事。可美国加州大学的物理学家史密斯（Doug Smith）却动了彻底搞清这个问题的念头。他首先设计了一个简单的实验装置——一个可以自动摇晃的盒子，然后把不同长度及不同软硬度的绳子放在里面摇。从常识上我们知道绳子越长、越软就越容易打结，如果绳子太短或太硬则不管摇晃多久也打不成结。史密斯用他的装置不但验证了由常识得出的结论，同时还能给出很多有意义的定量的结果。比如，一定软硬度的绳子最少需要多长才有可能自动打结。这个长度就对应于一个"临界"长度，长度小于它，打结这个物理现象就不会发生。仅用盒子装置，史密斯觉得还不过瘾，因为每测试一根绳子就得摇晃几千次，效率太低，而且也不容易观察到绳结究竟是如何形成的。于是他又搞了一个计算机模拟系统，

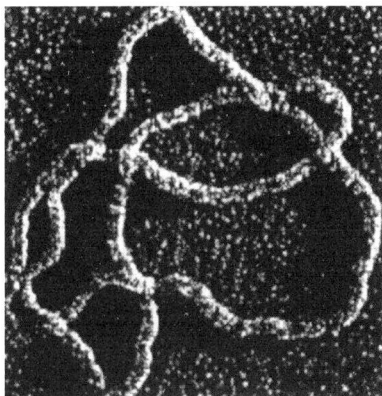

电子显微镜下的 DNA 扭结

可以在很短的时间里得到许多不同软硬度的绳子在不同大小的盒子里形成结的具体过程。接着他又从基本的物理原理出发，解释了绳结形成的原因。他的这些成果发表在"美国国家科学院院刊"上，引起不少人的兴趣。

一直以来，无论是从数学上还是从物理上对扭结进行的研究，基本都是为了满足人们的好奇心。而最终使扭结理论成为大热门的，却是生物科学。我们都知道生物生长的过程就是细胞不断分裂、产生新细胞的过程，细胞分裂的第一步则是对作为生命基石的 DNA 进行复制。DNA 为了保护自己所储存的信息，在一般情况下是紧紧缠作一团的。在复制过程中必须先由酶把它"解开"，这样 RNA 才能将 DNA 里储存的"密码"分段抄录下来。从拓扑学的角度看，DNA 就是一个很复杂的扭结，而酶所起的作用就是解结。用扭结理论去计算解开 DNA 这个扭结的困难程度，就可以研究对应的酶的特性。这真像是冥冥中自有天意，让一门纯数学理论埋头发展数百年，在其逐渐成熟时，突然向它打开一扇大门，展现出一个具有广阔应用前景的新天地。

比较一下扭结在中国和西方发展的历史也挺有意思的。在中国，从远古时代以绳结记事开始，之后结被用来作为纽扣，又演化成装饰品和艺术品，有些还被赋予了象征性的意义。比如同心结取"永结同心"之意，常被用在男婚女嫁的仪式当中。又如吉祥结代表大吉大利、吉人天相、祥瑞、美好，等等。在西方，人们则更注意绳结的实用价值（如在航海中），同时又有一些人对它们的归类（哪些结实质上是相同的）感兴趣，从而对结作了分类、归纳，并以此为基础进一步进行了数学上的高度抽象，最终产生了纯数学领域里的扭结理论。我们也许可以这样说：中国人对扭结给予了人文意义上的抽象，而西方人则对扭结进行了科学意义上的抽象。

奇才伽莫夫

大到宇宙起源，小到原子核结构，再加上构成生命基石的 DNA 和 RNA，伽莫夫都曾插上一脚。不管是什么领域，只要涉足，他的工作几乎都是开创性的，其中不少还是奠基之作。他同时又是那种提出的想法常常令一般人无法理解的天才，不论在物理学界、天文学界，还是在生物学界都属于观念超前的非主流。

伽莫夫出生在黑海之滨的敖德萨。据他自己说，他差一点就没能活着降生到这个世界上。他母亲在生他时难产，医生无计可施，已经准备将他切成几块以保全母亲的性命。幸好一位邻居听说有个来自莫斯科的著名外科医生正好在敖德萨度假，于是急忙请他来进行剖腹产手术，伽莫夫才捡了条小命。由于医院里没有床位，手术就在他家的书房里进行，大书桌充当手术台。父亲负责掌灯，那位邻居管烧水、消毒手术器具，其余全靠这位名医一人，既没有护士，也没有助手。这位邻居后来成了他的教母，若没有她，科学界就会损失一颗灿烂的明星。

伽莫夫从小就有一股不信"邪"的精神。小时候在教

伽莫夫

堂做弥撒，牧师宣称分发给大家的圣餐是来自基督的血肉。他心存疑窦，于是把圣餐含在嘴里并不咽下，悄悄带回家，在显微镜下与自己手上的皮及事先预备的、蘸了红葡萄酒的面包进行对比，从而得出结论：所谓圣餐绝非皮肉，不过是蘸了红葡萄酒的面包而已。怀疑牧师说教的小孩可能不在少数，但像伽莫夫这样不仅怀疑，而且能找出切实可行的方法来进行验证的孩童，恐怕少之又少。其实伽莫夫少年时代的学习环境总体来说相当糟糕，那时的俄罗斯处于大动荡之中，敖德萨正好又是各种势力反复争夺的地方。德国、法国、乌克兰社会党人、布尔什维克红军、俄罗斯白军都攻占过该城。学校经常关门，即使开门，很多课程也无法正常进行。他大部分的知识都是靠自己阅读书籍和杂志得来的。最终他父亲不得不变卖了一些家产，送他到彼得堡去上大学。

伽莫夫大学毕业后就留在彼得堡大学继续读博士,但是他对导师所给的题目毫无兴趣。1928年夏天,他正好获得了一份奖学金,可以出国学习三个月。于是他来到当时理论物理与数学的圣地——德国哥廷根大学。

刚到哥廷根没几天,伽莫夫在图书馆读到一篇由实验物理大师、原子结构的发现者卢瑟福(Ernest Rutherford, 1871—1937, 获1908年诺贝尔化学奖)写的有关原子核α衰变(某些原子核能释放出一个α粒子并变成较小的原子核)的文章,他立刻意识到该文试图用经典物理理论来解释α衰变的思路可能是完全行不通的。在经典理论中,α粒子要想脱离原子核,有点像一只皮球撞在铜墙铁壁上,很难想象它能破墙而出。但是如果用刚出现不久的量子力学对α衰变进行分析,则能得出合理得多的解释。在量子力学里任何物质都具有波粒二重性(同时具有波动的特性和粒子的特性),α粒子也不例外,它既是粒子但同时也具有波动性,正是因为这种波动性,它穿透原子核壁垒的概率虽然不很大,却也绝不是零。他仅用一个晚上就写成了一篇论文,用量子力学对原子核的α衰变作了全新的分析。这是第一篇将量子力学应用于原子核物理的文章,文中提出的理论就是后来得到广泛应用的量子隧道效应。

三个月的时间很快就过去了,伽莫夫不得不踏上归国的旅途。不过他没有直接回俄罗斯,而是绕道丹麦去哥本哈根拜见量子理论的创始人玻尔(Niels Bohr, 1885—1962, 获1922年诺贝尔物理学奖)。买了车票之后,他身上只剩下相当于 10 美元的钱，仅够在哥本哈根逗留一天。到了玻尔的研究所，他跟秘书说想见玻尔，不料被告知几天之后玻尔才会有空。然而当秘书了解到他的处境后，还是设法安排他在当天下午见到了玻尔。伽莫夫给玻尔讲述了原子核 α 衰变的新理论（文章那时还没刊登出来），立即引起玻尔极大的兴趣。为了让伽莫夫能留在哥本哈根继续进行研究工作，玻尔当场拍板给了他一年的丹麦皇家科学院嘉士伯奖学金（Carlsberg Fellowship）。之后又为他申请到洛克菲勒奖学金（Rockefeller Fellowship），并介绍他去卢瑟福的卡文迪许实验室工作了一段时间。可以说玻尔对伽莫夫是有知遇之恩的。

在卡文迪许，伽莫夫将原子核 α 衰变的理论反向应用，建议卢瑟福用较高能量的 α 粒子或质子轰击锂原子核，他推断这些粒子有可能透过壁垒进入原子核。卢瑟福深以为然，让他的两个助手考克饶夫（John Cockcroft，1897—1967）和沃尔顿（Ernest Walton，1903—1995）进行了这项极有意义的实验。该实验于 1932 年完成；后来为考克饶夫和沃尔顿赢得了 1951 年的诺贝尔物理学奖。

差不多在同一时期，伽莫夫还提出了用来解释原子核结构的液滴模型。其基本想法就是把原子核模拟为一个由若干核子组成的液滴。液滴的表面具有张力，所以不会散开；同时液滴内的粒子又可以相对自由地变换位置。由于当时中子还没有被发现，物理学家们普遍以为原子核中的核子是质子与电子，这导致伽莫夫最终未能建立起正确的模型。但他的想法却是极有意义的，如果再往前走一步，考虑到当液滴很大的时候，一个微小的扰动就有可能使它分裂成两个较小的液滴——这实际上就是核裂变的理论基础。八年之后，弗里施（Otto Frisch, 1904—1979）和迈特纳（Lise Meitner, 1878—1968）提出的核裂变理论正是建立在此之上的。

1931年伽莫夫的护照即将过期，他本想在苏联驻丹麦大使馆办理延期，但经与莫斯科联系后，大使告诉他必须回国去办，不过大使也说莫斯科承诺不会耽误他出席夏天在意大利召开的一个学术会议。可没料到一回到苏联，政府就变了卦，推三阻四不给他新护照。伽莫夫被"骗"回苏联后感到非常恼火，所以一直积极寻找机会再次出国。他甚至仔细研究过各种偷越国境的可能方法，并真的进行了一次极为冒险的尝试。他和新婚不久的妻子一起，带了五天的口粮和两瓶白兰地，试图驾小船经黑海去土耳其。不幸在海上遭遇暴风雨，差一点丧命。在挣扎了两三天之后又漂回到距出发点几十英里处的苏联海岸。不少西方的科学家对他的处境颇为担忧，玻尔等人数次邀请他出席各种会议，均未能成功。直到1933年，通过布哈林（就是老电影《列宁在1918》里的那个"叛徒"布哈林）的关系，他面见了最高苏维埃主席斯维尔多洛夫之后，才被批准可以出国。非常出乎意料的是，他居然还说服了当局允许妻子以秘书的身份随他一起出访——这在那时的苏联简直是个奇迹！他这一走直如鱼入大海、鸟归山林，再也不肯回头了。伽莫夫先在哥本哈根玻尔的研究所待了几个月，又去居里夫人处工作了一段时间，最后落脚在美国乔治华盛顿大学。据说伽莫夫的叛逃让斯大林大为震怒，是导致苏联政府全面停止苏联科学家与西方学术交流的导火索之一。

纵观伽莫夫的一生，其最重要的贡献当属在 1946 年提出的大爆炸宇宙理论。在那篇使他后来成为"大爆炸宇宙学之父"论文里，他把核物理与广义相对论巧妙地结合在一起，计算了宇宙最初阶段的膨胀速度，提出了宇宙在极高密度下极速膨胀、密度极速下降的机制。这篇文章刚发表时并没有引起多少关注，在若干年后才越来越显示出它的深远影响。

如果大爆炸理论是对的，接下来必须回答的一个问题则是宇宙中的各种元素是如何生成的。1948 年，伽莫夫和他的学生阿尔菲（Ralph Alpher）首次提出了一套理论来解答这个难题。他们的结论是，所有的元素都是在大爆炸最初的极短时间内产生的。这个想法和思路都极富开创性，不过结论只有一半是对的：占宇宙所有元素中最大比例的氢和氦确实是在大爆炸的最初阶段生成的，但其他元素则不是。尽管并非完全正确，这个理论在宇宙学上仍占有非常重要的地位。这篇论文在物理学和天文学圈里大大有名，除了它的学术意义外，还因为伽莫夫在署名上开了个大玩笑。为了能把论文的署名拼凑成对应于希腊文的前三个字母 α、β、γ（阿尔菲和伽莫夫的发音分别与 α 和 γ 相似），伽莫夫竟然在贝特（Hans Bethe，1906—2005，获 1967 年诺贝尔物理学奖）完全不知情的情况下将人家的名字加上了，只因为贝特的发音与 β 相似！虽然他们两人是朋友，这种做法终究还是有点过分。好在贝特也是个爱捣乱的家伙，并没把这当回事儿。事后贝特曾对阿尔菲说："我那时觉得这是个相当不错的玩笑，而且这篇论文也有可能是对的，所以我并不介意我的名字被加到上面。"伽莫夫还特意让这篇文章发表于愚人节（4月1日）那天，更增添了它的滑稽色彩。

1953年夏天，伽莫夫在加州大学伯克利分校的校园里碰见手里拿着最新一期《自然》期刊的阿尔瓦雷茨（Luis Alvarez，1911—1988，获1968年诺贝尔物理学奖），阿尔瓦雷茨告诉他里面有一篇沃森（James Watson，1928—）和克里克（Francis Crick，1916—2004）写的文章很有意思。这篇具有里程碑意义的关于DNA双螺旋结构的文章立即引起伽莫夫极大的兴趣。当大多数人还在忙于验证沃森和克里克的理论是否正确时，他已经开始思考下一步的关键问题——DNA的遗传密码如何决定蛋白质的氨基酸序列。基于DNA中遗传密码的排列必须遵从一定的组合规则，伽莫夫建构了一个非常简单的模型，并得出需要以三个核酸一组才能为20个氨基酸编码的重要结论。伽莫夫先是将这一想法写成一篇短文发表在《自然》上，之后又写了一篇较详细的文章投给《美国国家科学院院刊》。作为美国科学院院士，他的文章本来是不必经过审稿的。但鉴于他恶作剧的前科累累，再加上该文的署名作者里还有位汤普金斯先生（伽莫夫写的科普读物中的虚拟人物），导致编辑误认为这篇跨领域的论文肯定是伽莫夫搞的又一次恶作剧，决定不予发表。这篇文章后来在取消了汤普金斯的名字之后刊登在《丹麦皇家科学院院刊》上。伽莫夫的模型思路虽然是对的，结论却是错的。实际过程远比他想象的要复杂得多，蛋白质的氨基酸序列需要经过三种 RNA 的传递才能完成。尽管如此，他的想法为后续的研究指出了正确的方向，仍然意义重大。

作为一名科学家，伽莫夫最大的长处是具有敏锐的学术眼光和独到的超前意识。这让他始终能处于引领潮流的位置上，而不是跟在开拓者们的后面，在所谓的时髦领域里与别人争抢所剩不多的"大饼"。20 世纪 20 年代末，当物理学界的注意力主要还在分子和原子物理上时，他已经开始进入原子核物理，按他自己的话说就是"给自己找一个没人干过什么事的角落"。当原子核物理成为热门，他则转向天体物理和宇宙学，开始将核物理理论应用于星体的研究与宇宙的形成上了。再后来又跳进基因研究领域，去破解基因复制的秘密。

伽莫夫还是一位出色的科普作家，拥有大量的读者。他一共出版了五本科普读物，每一本都非常成功，其中有些曾多次再版，甚至还有两本在他去世之后被改编成了卡通画册。伽莫夫在他的科普读物中塑造了一位形象十分生动的主人公——汤普金斯先生。这位汤普金斯先生是在一家大银行里工作的小职员、一个在生活中随处可见的普通人。他在睡梦中游历了一些古怪的地方，亲身体验和见证了各种各样奇特的科学现象。高深的科学理论通过汤普金斯的感受，转化成通俗易懂的道理传授给广大读者。伽莫夫的幽默感在这些书里展现得淋漓尽致，文风诙谐、俏皮，有的章节读来令人不禁捧腹。知识虽精深，在他笔下却丝毫不觉枯燥，深受读者喜爱。联合国教科文组织在1956年将卡林加奖颁发给了伽莫夫，以表彰他在科学普及方面所作的杰出贡献。

在物理学圈里，伽莫夫的幽默、爱开玩笑和喜欢捉弄人是出了名的。他也干过一些相当出格的事，比如上面提到的αβγ论文。他还曾纠集了几个朋友给一份著名的德国物理期刊的编辑写信，谎称某人刊载于该期刊的一篇文章其实是恶作剧。幸好编辑识破了他们的"阴谋"，并未上当，没有把这封信登出来。他的朋友们深知其为人，所以有时也会以其人之道还治其人之身，拿他来寻开心。沃森就曾冒伽莫夫之名邀请两百多人来参加一个酒会，最后还得让伽莫夫埋单。

伽莫夫的个人形象也有点乱七八糟，经常在学术会议上打瞌睡，醒来后又问些人家刚刚已经讲过的问题；他还嗜酒，做报告时往往满身酒气。即便如此，他仍然深受他的朋友、同事和学生们的爱戴。他的学生，著名天文学家、暗物质的发现者薇拉·鲁宾曾经写道："伽莫夫的确有些滑稽，也确实酗酒。但他更是一位卓越的科学家、忠诚的朋友和关心学生的老师。他（对科学）的直觉超过我所知道的任何科学家。"

尽管伽莫夫已经去世多年，但他对物理学、天文学以至生物学的影响和贡献却是长存的，他的各种逸闻轶事也仍然为科学圈内的人们津津乐道。

杨—米尔斯理论六十年

　　根植于莱布尼茨（Gottfried Leibniz, 1646—1716）的哲学思想，哥廷根学派的克莱因（Felix Klein, 1849—1925）、希尔伯特和闵可夫斯基经常谈论数学与物理学之间固有（pre-estabalished）的和谐。希尔伯特在1900年巴黎召开的第二届国际数学家大会上提出那23个著名问题时指出，他追寻的是"自然界与数学间固有的和谐"。闵可夫斯基引入四维时空（闵可夫斯基空间）的概念，是揭示这种固有和谐的一个极好的例子。爱因斯坦在他的自传体笔记中强调闵可夫斯基是提出"对称性主宰相互作用"的第一人。他提出的四维时空并不仅仅是为相对论提供了一个更方便的数学框架，而是将如何理解相对论的基点颠倒过来：以前是通过相对论方程在洛伦兹变换下的协变性体现出对称性；现在则变为对称性是出发点和基本属性，描述物理现象的相对论方程则必须满足这种对称性。另一位大宗师庞加莱也持相似的观点，他认为任何具体的理论都必须与普遍原则相一致。60年前由杨振宁和米尔斯（Robert Mills, 1927-1999）提出的非阿贝尔规范场理论也同样基于这种理念。

　　如果想对杨—米尔斯规范场理论的来龙去脉有一点初步的认识，首先得从了解对称性入手。对称性其实就是不变性。比如我们说一个建筑物是左右对称的（即具有左和右的对称性），就意味着如果把它的左侧与右侧对调，整个建筑物看上去仍和原先一样，是不变的。1915 年，德国女数学家埃米·诺特（Emmy Noether, 1882—1935）在抽象代数的基础上证明了守恒律（比如能量守恒）与物理系统的对称性是紧密相关的——这就是在近代物理学里占有极重要地位的诺特定理。诺特也因此被爱因斯坦誉为"自妇女可以接受高等教育以来，最重要的、最具创造性的数学天才"。

　　几个典型的对称性与守恒律相对应的例子是：物理系统对于空间平移的不变性（物理定律不会随着空间中的位置而变化）给出了动量的守恒定律；对于空间转动的不变性（物理定律不会随着空间坐标的转动而变化）给出了角动量的守恒定律；对于时间平移的不变性则给出了能量守恒定律。这三个守恒定律是我们在高中物理里就接触过的。还有一个为人们所熟知的守恒律，就是在一个封闭体系里的总电荷量是不变的。然而在相当长的一段时间里，物理学家们却不知道与电荷守恒所对应的对称性是什么。大数学家外尔（Hermann Weyl, 1885—1955）花了大量的时间和精力仔细思考了诺特定理。在群论的基础上，他发现某些守恒量与特定的局域对称性是联系在一起的，他将这种对称性命名为规范对称性。具体到电荷守恒，则是与描述电磁场的电位势的对称性息息相关。不但如此，整个电磁场理论都可以看成一种满足规范对称性的理论。外尔同时又发现相对论方程也具有规范对称性，他曾经尝试将电磁理论与相对论在规范对称的框架下统一起来，但未能成功。

外尔的规范对称性到底指的是什么呢？用一个粗浅的例子也许能对它进行一点说明。我们日常用的电器的电压是 220 伏，它实际是指火线与地线之间电位的差。按惯例，地线（也就是地球）的电位通常被定义为 0，火线的电位就是 220 伏。如果把地线的电位定义为 100，火线的电位就是 320 伏了，它们之间的电位差还是 220 伏。所以如果对一个系统中各处的电位都增加一个相同的常数，它们之间的电位差是不变的，系统的电性质也不会因此而改变，这就是一种最简单的规范对称性；而给各处的电位都增加一个相同的常数，就是一种规范变换。一般来说，如果一种相互作用具有规范对称性，描述它的相互作用的场就是某种规范场——电磁场就是一种规范场，这个场在规范变换下是不变的。传递相互作用的粒子被称为规范玻色子（又称中间玻色子），传递电磁相互作用的规范玻色子就是光子。

在 20 世纪 30 年代，海森堡曾经提出一个大胆的设想：由于构成原子核的质子和中子的质量极为接近，尽管它们一个带电、一个不带电，也许它们只是处于不同"态"的同一种粒子，也就是说它们之间存在某种对称性，并且可以互相转化。他认为这种对称性也许是理解使质子和中子能够结合在一起而形成原子核的强相互作用力的关键。杨振宁一直对海森堡的这个想法有兴趣，他认为结合海森堡的理论和外尔的规范对称理论，应该可以建构某种能应用于强相互作用的新的规范对称理论。由于质子带正电而中子不带电，如果它们能相互转化，就至少需要存在一个带正电和一个带负电的规范玻色子（比如中子需要发射出一个带负电的规范玻色子才能转化成带正电的质子），再加上一个不带电的规范玻色子。这与用来描述电磁场的规范理论（在那里只有一个不带电的规范玻色子——光子）具有很大的差别。

1953年秋天，杨振宁到位于纽约长岛的布鲁克海文国家实验室进行为期一年的访问研究。与他合用一间办公室的恰好是刚要开始做博士后的米尔斯。米尔斯对杨振宁关于规范场的想法很感兴趣，于是两人开始联手研究规范场对称理论，不久就提出了在现代物理理论中具有奠基石地位的非阿贝尔规范场理论（也就是杨—米尔斯理论）。他们写成的论文后来发表在1954年10月1日的《物理评论》上。

从杨—米尔斯理论出发，可以推演出满足规范对称性的特定的规范场要求存在一种或多种传递相互作用的质量为零的规范玻色子。传递电磁相互作用的规范玻色子是光子，它的质量刚好是0。但是如果将杨—米尔斯理论用到强相互作用或弱相互作用上，理论上应该存在的质量为0的规范玻色子却从未在实验中观测到。而且强相互作用和弱相互作用的有效范围都极小（均属于短程力），这意味着传递强、弱相互作用的粒子的质量应该很大，绝不可能为0。这成为当时杨—米尔斯理论的一个软肋，以至于绝大多数人都以为它没有多少物理意义。然而杨振宁却不这么看，他认为在数学上如此美妙的理论一定有它的道理。在这点上他和爱因斯坦是一路的。英国数学家兼天文学家邦迪（Hermann Bondi, 1919—2005）在谈到爱因斯坦时说："我清楚地记得，有一次我把一个我认为切实且合理的方案给爱因斯坦看时，他连争论的兴趣都没有，只说'哦，真丑'。如果一个方程式在他看来是丑的，他马上就会失去兴趣，并且对居然有人还会在它上面花费时间而感到不解。他深信美是寻找理论物理上的重要结果的指导原则。"

1954年2月，杨振宁在普林斯顿高等研究所就杨—米尔斯理论作了一次报告。高等研究所的这种研讨会是出了名的"火枪研讨会"，报告人被问得张口结舌是常有的事。杨振宁这次的报告也不例外，他还没讲几句，泡利就明知故问，首先开火了："矢量玻色子的质量是什么？"杨振宁当然知道这个问题是个陷阱，无论怎样回答都会引起进一步的麻烦。于是选择了最低调的应对，答曰"我不知道"。换作任何其他人，大概也就到此为止了。泡利却不肯罢休，说"这不足以作为挡箭牌"。场面立时变得十分尴尬，杨振宁觉得报告无法继续进行，干脆坐了下来。最后还是原子弹之父、时任高等研究所所长的奥本海默（J. R. Oppenheimer, 1904—1967）站出来打圆场，杨振宁才得以将报告作完。泡利事后还给杨振宁留了一张便条，上面写道："我很遗憾你使得我在这次研讨会后很难再与你交谈。"泡利是出了名的"毒舌老大",他经常先入为主,总以否定别人为己任,讲起话来也很不客气,让人下不来台。那句在物理学圈里人尽皆知的名言"它甚至连错的都算不上"就出自此公之口。不过他对杨振宁的诘问倒是事出有因。泡利在杨振宁和米尔斯之前就已经思考过类似的问题,也得到了相似的结果,并于 1953 在苏黎世就相关问题作过两次报告。但由于该理论会"导致某些非物理的影子粒子",泡利最终没有发表他的研究结果。无独有偶,肖(Ronald Shaw)也研究过这个问题,并把结论写进了他的博士论文,但基于与泡利同样的原因,也没有正式发表。可见在做学问时眼光是极重要的,像爱因斯坦、狄拉克(Paul Dirac, 1902–1984,获1933年诺贝尔物理学奖)、杨振宁这些最顶尖的理论物理学家们,他们往往更注重于一个理论的美,从而能抓住最本质、最关键的东西。尤其是当一个物理理论具有优雅的数学表达形式的时候,他们一定会爱不释手。爱因斯坦特别推崇数学对于理论物理的指导作用,他在《论理论物理学的方法》中写道:"理论物理的基本假设不可能从经验中推断出来,它们必须是不受约束地被创造出来……但创造寓于数学之中。因此,在某种意义上我认为,单纯的思考能够把握现实,就像古代思想家所梦想的那样。"杨振宁也有同感,"我欣赏数学家的价值观,我赞美数学的优美和力量:它有战术上的机巧与灵活,又有战略上的雄才远略。而且,堪称奇迹中的奇迹的是,它的一些美妙的概念竟是支配物理世界的基本结构"。

由于一时无法解决规范玻色子的零质量难题,杨—米尔斯理论沉寂了将近十年。到了60年代初,著名日裔物理学家南部阳一郎和戈德斯通(Jeffrey Goldstone)等人提出了无质量的粒子可以通过一种所谓"对称性自发破缺"的机制而获得质量,从而克服了杨—米尔斯理论中的最大难点。不过他们的理论也不完善,在解决杨—米尔斯理论中粒子无质量问题的同时,又有新的无质量粒子会出现。直到若干年后希格斯和恩格勒(François Englert)等人提出的希格斯机制才彻底解决了这个问题。在希格斯机制下,所有基本粒子(包括他们预言存在的希格斯粒子,也就是所谓的"上帝"粒子)的质量都是通过与希格斯场的相互作用而获得的。这个理论为希格斯和恩格勒赢得了2011年的诺贝尔物理学奖。

应用杨—米尔斯理论所取得的第一个重大理论突破是弱—电统一理论。20世纪60年代格拉肖(Shelton Glashow)、萨拉姆(Abdus Salam, 1926—1996)和温伯格(Steven Weinberg)发现电磁力和弱相互作用力可以被整合到同一个杨—米尔斯规范场理论之中,对称性自发破缺和希格斯机制则赋予杨—米尔斯理论中传递弱相互作用的无质量规范玻色子以质量,这就使电磁力和弱相互作用力具有它们表现出的不同特性:传递电磁相互作用的光子与希格斯场没有相互作用,所以它的质量始终为0;传递弱相互作用的三种粒子则与希格斯场有相互作用,从而具有质量。据说温伯格解决弱—电统一问题的关键想法是在路上开车时想出来的，据此写成的论文仅仅两页半纸，但它后来却成为被引用次数最多的物理学论文之一。格拉肖、萨拉姆和温伯格由于提出这一理论而获得 1979 年的诺贝尔物理学奖。

在弱—电统一理论之后，成功解决了强相互作用问题的量子色动力学和统一了强相互作用、弱相互作用及电磁相互作用的标准模型也都是特定形式的杨—米尔斯理论。两者均被视为 20 世纪理论物理的重大成就。说到底，杨—米尔斯规范场理论实质上提供了一个大的理论框架，通过选择特定的规范群（群论是抽象代数的一个分支，读者不必在意它的具体内容）而让它具体化。经典电磁理论、量子电动力学、弱—电统一理论、量子色动力学和标准模型都可以看成不同规范群下的杨—米尔斯理论。

从杨振宁和米尔斯提出非阿贝尔规范场理论到今天，整整一甲子过去了。物理学界普遍认为杨—米尔斯理论是 20 世纪物理学上一项伟大的成就，它的重要性甚至远远超过了为杨振宁和李政道赢得诺贝尔奖的宇称不守恒的工作。规范对称性已经成为任何一种解释物质间基本相互作用的物理理论所必须满足的前提条件。有人曾经开玩笑地说，研究基本粒子理论只需找个对称群塞进杨—米尔斯理论中，看看出来些什么样的粒子，如果与实验相符，则万事大吉；如果不符，换个对称群再重新来过……

杨—米尔斯理论不仅对近五十年来的理论物理的发展

起了决定性的作用，而且对数学也产生了很深远的影响。杨振宁和吴大峻在 1975 年发表过一篇论文，对规范场中的一些概念与拓扑学的纤维丛中的概念进行了逐一的比较，列出了一张对照表。这引起了一批数学家的兴趣，引导出从数学上对规范场结构的研究，使其成为拓扑学中的一个重要课题。在物理学家眼里，杨—米尔斯理论已经算是一个成熟且完备的理论。然而在数学家眼里，杨—米尔斯理论本身的一些重大理论问题其实并没有完全解决，特别是杨—米尔斯理论的存在性问题还没有得到数学上的严格证明。这是一个根本性的问题，因而在 2000 年被美国克雷数学研究所列为 7 个对新世纪的数学发展具有重大意义的难题之一。从目前的发展来看，此问题的难度相当大，彻底解决的希望十分渺茫。

改变人类认识的一座里程碑

——纪念宇宙微波背景辐射发现 50 年

　　大爆炸宇宙论是 20 世纪最重要的科学发现之一。它彻底改变了人类对宇宙的认识，其影响远远超出了科学本身。

　　1929 年，被尊为星系天文学之父的哈勃发现距地球越远的星系离地球而去的速度就越快，而且这个速度和地球与星系之间的距离成正比。这就是著名的哈勃定律。哈勃定律不仅适用于从地球上进行的观测，而且也适用于从宇宙中任何地方进行的观测。也就是说，无论观测者在哪儿，都会看到同样的现象。这表明星系与星系间的距离在不断变大，因而意味着宇宙并非是一个静态的、稳定的宇宙，它正在不断地膨胀！以宇宙在不断膨胀这一事实为出发点，如果将宇宙的演化看成一部电影，把这部电影反过来放就不可避免地得出宇宙有"起点"的结论，这是最早的对勒梅特（Georges Lemaître）在 1927 年提出的宇宙大爆炸理论的一个有力支持。根据大爆炸理论，宇宙最初从一点爆发出来，整个宇宙空间连同其内的物质一起"向外"膨胀，不管我们以哪个星系作为立足的观测点，其他星系都在离我们而去，这也正是哈勃定律的结论。有一点必须说明一下，"向外"是不确切的说法，因为根本没有"外"，膨胀的是我们身处其中的宇宙空间本身。勒梅特的理论基本上属于一种猜想，并没有从物理学上提供坚实的理论基础。正因为如此，人们如今才会普遍把伽莫夫（George Gamow）看成真正的"大爆炸宇宙学之父"。伽莫夫在1946年的一篇论文里把原子核物理与广义相对论巧妙地结合在一起，计算了宇宙最初阶段的膨胀速度，提出了宇宙在极高密度下快速膨胀、密度快速下降的机制。这篇文章刚发表时并没有引起太多的关注，在若干年后才越来越显示出它的深远影响。不管伽莫夫的理论多么巧妙，它仍然需要得到观测或者实验方面的证实，否则只能算是一种高明的猜想。哈勃定律显示我们所处的宇宙空间正在不断地膨胀，宇宙存在起点是它的一个自然推论，但并不能告诉我们宇宙最初的情况是什么样的，当然也就更不可能告诉我们宇宙从初始到今天的发展过程了。

对大爆炸宇宙论最强有力的直接支持之一，是宇宙微波背景辐射场的发现。

1948年，伽莫夫在《自然》上发表了一篇文章，预言了宇宙微波背景辐射场的存在。他的论断主要基于两点：一、目前宇宙中现存物质元素的比例意味着宇宙最初的温度约为10亿摄氏度；二、随着宇宙的膨胀，温度会不断降低，但不会成为零。不久之后阿尔菲（Ralph Alpher）和赫尔曼（Robert Herman）估算出如果宇宙最初的温度约为10亿摄氏度，则目前的宇宙应残留约5—10K（K是绝对温标，零K约为零下273摄氏度）均匀分布于宇宙间的黑体辐射。也就是说，排除了各种星体的影响后，宇宙空间的温度应为5—10K。然而他们的工作在当时并没有引起天文学界和物理学界的重视。直到60年代初，苏联的泽尔多维奇（Yakov Zel' Dovich）和美国的狄克（Robert Dicke）分别独立地"重新"发现了伽莫夫、阿尔菲和赫尔曼的预言——宇宙应当残留有温度为几K的背景辐射。其后苏联的达瓦希科维奇（Andrei Doroshkevich）和诺维科夫（Igor Novikov）于1964年又进一步指出这种背景辐射在厘米波段（也就是微波波段）上应该是可以观测到的。

要想观测到对应于很低温度的辐射，首先需要排除来自其他方面的干扰，也就是各类"噪音"。普林斯顿大学的狄克在第二次世界大战期间曾服务于研制作战雷达的麻省理工学院辐射实验室，是低噪音天线方面的专家（他同时又是个理论物理学家）。1964年，他让他的同事劳尔（Peter Roll）和威尔金森（David Wilkinson）开始着手制造一种低噪声的天线来探测这种可能存在的微波辐射，他们所采用的克服噪音的方法，是狄克自己在"二战"中发明的一项增强雷达灵敏度的技术。狄克同时要求皮伯斯（Jim Peebles）从理论上重新计算宇宙中残留的辐射背景场的温度，用以作为制造新天线的参考依据。他们的天线还没造好，两个天文学家却歪打正着，在无意中抢先观测到了微波背景辐射！

彭齐亚斯（Arno Penzias）和威尔逊（Robert Wilson）是美国贝尔实验室研究天文观测的工程师，一直致力于超灵敏低温微波接收器（主要用于射电天文观测）的研制。1964年，他们改造了架设在新泽西州克劳福德山上的一台本来用于接收卫星信号的喇叭状天线，想利用它来研究来自银河系边缘的微波讯号。为了检测这台天线的噪音性能，他们将天线对准天空的不同方向进行测量。奇怪的事情发生了：不论他们把天线指向何方，在波长为7.35厘米的波段上总会收到一个噪音信号，这个信号既没有昼夜的变化，也没有季节的变化，因而可以判定与地球的公转和自转都无关。他们把天线指向80公里外的纽约市，信号没有明显不同，所以也不会是人类通讯或广播造成的。他们又把天线指向不同星系，信号还是一样，从而又排除了信号来自某些外星系的可能。起初他们怀疑这个信号可能源自于天线系统本身，于是对天线进行了彻底的检查和打扫，清除了天线上的鸽子粪便之类的东西。他们还将一对常来捣乱的鸽子邮寄到百多公里外的另一个实验室，不过这招并未管用，没过几天，这对鸽子又自己飞回来了。后来他们干脆将天线大卸八块，再重新组装起来。然而噪音信号依然如故。到1965年初，他们已经花了差不多一整年的时间，用尽了各种合理的和不合理的方法，希望能找出噪音的来源，但一无所获。彭齐亚斯和威尔逊最终不得不接受了这一事实：存在着一种无处不在、均匀分布的微波信号！彭齐亚斯于是给卡内基研究所的射电天文学家伯克（Bernard Burke）打了个电话，同他讲了他们的发现。伯克建议彭齐亚斯应该和狄克谈谈，因为狄克才是这方面的专家。接到彭齐亚斯电话的时候，狄克正和皮伯斯、劳尔及威尔金森一起吃午饭，而且恰好在讨论关于微波背景辐射的问题。狄克立刻意识到了彭齐亚斯所说的意味着什么，从狄克的表情和他对着电话说的只言片语，皮伯斯等人也马上感觉到有什么重大事件可能发生了。彭齐亚斯告诉他们的消息实在太重要了！放下电话，狄克立即与劳尔和威尔金森一道驱车直奔克劳福德山去见彭齐亚斯和威尔逊。在那间勉强能容得下他们五个人的小房间里，彭齐亚斯和威尔逊给狄克等人展示了观测数据，他们又一同仔细核对了一遍，确信数据正确无误。回到普林斯顿，他们既兴奋又沮丧。兴奋，是因为他们都深知如果其他进一步的独立观测确认彭齐亚斯和威尔逊的发现是正确的，那就证实了微波背景辐射的存在，从而为大爆炸宇宙论提供了一项具有决定意义的支持。这将是科学上极为重要的发现，而他们就是这一历史事件最早的见证人。沮丧，是因为在科学研究上，谁抢到第一，谁就能胜者通吃，他们在探测微波背景辐射方面所做的前期工作基本就没多大价值了。不过他们还是决定把他们的工作进行到底，毕竟科学实验或观测是需要多次独立验证的。几个月后，劳尔和威尔金森架设的天线也得到了与彭齐亚斯和威尔逊一致的数据。由于彭齐亚斯和威尔逊对大爆炸宇宙论与微波背景辐射之间的关系等理论问题所知十分有限，经过协商，大家决定由彭齐亚斯和威尔逊在《天体物理学报》上以"在4080兆赫上额外天线温度的测量"为标题发表论文，正式公布这个发现。狄克、皮

位于霍尔姆德尔镇克劳福德山上的喇叭天线

伯斯、劳尔和威尔金森则在同一期杂志上以"宇宙黑体辐射"为标题另外发表一篇论文，对这个发现给予理论上的解释——论证彭齐亚斯和威尔逊观测到的这种辐射，就是宇宙大爆炸后残留下来的宇宙微波背景辐射。

宇宙微波背景辐射的发现在近代天文学上具有非常重要的意义，它给了大爆炸宇宙论一个有力且直接的证据，因而与类星体、脉冲星和星际有机分子的发现一起被称为20世纪60年代天文学的"四大发现"。彭齐亚斯和威尔逊也因他们的这一发现而获得了1978年的诺贝尔物理学奖。

有意思的是，对宇宙微波背景辐射的研究并没有就此画上句号。

80 年代，一批新人开始在宇宙论的研究中崭露头角。其中的一位关键人物是古斯（Alan Guth）。此人做学问的路一开始颇为不顺，从麻省理工学院取得博士学位之后，当了四期博士后，却长期得不到一份稳定的教职。1979 年底，他终于一鸣惊人，提出了宇宙爆胀理论：早期宇宙存在一段极快速的膨胀过程——从大爆炸之后的 10^{-36} 秒开始持续到 10^{-33}—10^{-32} 秒之间，在具有负压力的真空能量驱使下，宇宙呈指数型膨胀（也就是不断地加倍、再加倍……）在这极短暂的时间内膨胀了至少 10^{78} 倍。此后宇宙经历了一次相变（一个常见的相变的例子是水蒸气随着温度的降低而凝结成水滴）而转变为以非指数形式继续膨胀，直至今天。爆胀理论可以成功解释不少宇宙学中存在的难题，比如为何观测不到磁单极以及宇宙背景辐射的视界问题等等。这个理论既简单又巧妙，让人一看就觉得是对的，以致让不少物理学家都有"如此明显的东西我怎么没有想到"之憾！

为了探索黑洞的性质，霍金等人在 70 年代曾把量子理论中的量子涨落与广义相对论相结合，提出了一种量子引力理论，并将其成功地应用于黑洞和早期宇宙的研究。如果将量子引力理论应用到宇宙爆胀的那段时间，就会发现今天的宇宙微波背景辐射场应该并非像理论上最初预期的那样是完全均匀的，它在有些区域会具有非常小的起伏，也就是说宇宙背景辐射存在微小的各向异性（不同方向、不同区域中背景辐射温度有差异）。要想证实这一结论，就需要对宇宙微波背景辐射进行更精确、全方位的测量。美国国家航空航天局 1989 年发射的"宇宙背景探险者"卫星的主要任务就是发现这种可能存在的各向异性。经过几年的努力，斯穆特（George Smoot）在 1992 年正式宣布"宇宙背景探险者"观测到了宇宙微波背景辐射场存在褶皱，而且结果与宇宙爆胀理论相符。斯穆特为此获得了 2006 年的诺贝尔物理学奖。2009 年欧洲空间局和美国国家航空航天局合作，又发射了更先进的"普朗克巡天者"卫星，它的主要任务之一就是进一步精确探测宇宙背景辐射各向异性的特质，为这方面的科研工作注入了新的动力。

时至今日，宇宙微波背景辐射的研究——尤其是有关宇宙背景辐射各向异性的研究仍然是一个十分活跃的领域。这方面任何新的进展都极可能会引起对现有的大爆炸宇宙理论的重大修正。宇宙微波背景辐射的观测结果可以说是任何一种现有的或新提出的宇宙理论的试金石。

中微子趣史

中微子是一种不带电、质量近于零的基本粒子，属于基本粒子大家庭中的轻子一族。中微子自打一出现就充满了戏剧性，其魅力经八十余年而不衰。在近代物理学中，可以说是故事最多的一种基本粒子。

泡利被尊为中微子之父。此人在物理学界是出了名的坏脾气，经常先入为主，总以否定别人为己任。讲起话来很不客气，常常让人下不来台。物理圈里流传着不少有关泡利"恶行"的故事。一个挺典型的实例发生在1954年，那年杨振宁和米尔斯提出了在近代物理理论中具有举足轻重地位的杨—米尔斯规范场理论，由于该理论当时还有一个关键的问题没有解决——具有规范不变性的矢量玻色子其质量只能为0，绝大多数人都以为它没有多少物理意义。同年2月杨振宁在普林斯顿高等研究所就杨—米尔斯理论做报告，还没讲两句，泡利就明知故问"矢量玻色子的质量是什么？"杨振宁知道这个问题是个陷阱，无论怎样回答都会引起进一步的麻烦。于是选择了最低调的应对，答曰"我不知道"。换作任何其他人，大概就到此为

泡利

止了，泡利却不肯罢休，说"这不足以作为挡箭牌"。场面立时变得十分尴尬，杨振宁觉得报告无法继续进行，干脆坐了下来。最后还是原子弹之父、时任高等研究所所长的奥本海默站出来打圆场，杨振宁才得以将报告作完。泡利为人处世的风格由此可见一斑。不过他的物理直觉极佳，虽然有点怀疑一切，在大多数时候事实却往往最终证明他是对的。

1930 年，核物理领域发生过一次严重的危机。在 β 衰变（原子核里的中子释放出一个电子而变成带正电的质子）的过程中，似乎有一部分能量莫名其妙地"消失"了。当时甚至连量子理论创始人玻尔都认为在 β 衰变中能量可能不守恒（为此他被泡利不客气地称为驴子）。然而泡利却坚信能量守恒原理是放之四海而皆准的普遍真理，所谓能量"消失"不

过是因为 β 衰变中还存在一个无法探测到的第三者。他在一封 1930 年 12 月 4 日给莉泽·迈特纳（Lise Meitner，1878—1968）的信中第一次明确指出了中微子的存在——中微子从此在**理论上**诞生了。泡利在预言中微子存在的同时，也认识到中微子与其他物质之间的相互作用是极其微弱的。他甚至不排除永远无法探测到中微子的可能性。这不光是泡利一人的看法，很多大物理学家，例如贝特（Hans Bethe，1906—2005，获 1967 年诺贝尔物理学奖）等人，经过估算后都相信"中微子显然无法被看到"。所以中微子那时亦被称为"鬼粒子"。

散射截面是衡量两个粒子间发生相互作用难易程度的物理量，散射截面越大，发生相互作用的可能性就越大。这有点像打靶，靶越大，一枪命中的机会就越高。中微子与其他粒子的散射截面几近于零，因而要想探测某个中微子（也就是观测到它与其他粒子间发生相互作用）是千难万难。不过我们可以换个角度来看问题：尽管想一枪命中一个极小的靶很难成功，但如果用机关枪连续打出成千上万发子弹，则打中的可能性将大大提高。中微子与其他粒子的散射截面虽小，但毕竟不是零。如果能在短时间内产生出极大量的中微子去轰击别的粒子，还是有希望从实验中证实中微子的存在。这种强大的中微子源是直到第一颗原子弹爆炸成功后才成为现实的。

莱因斯（Frederick Reines，1918—1998）原本是测试核武器的专家，也许是干腻了，1951 年他提出申请，转行去搞与物理理论相关的课题。有一次因为飞机延误，他在堪萨斯机场候机时遇见了科温（Clyde Cowan，1919—1974），两人半开玩笑地聊起来，由于核爆炸时会产生大量中微子，如果在离核爆中心很近的地方挖一口井，让一个探测器在爆炸开始的瞬间自井口下落，有可能通过费米在1933年设想的反 β 衰变（质子在吸收一个中微子之后，释放出一个正电子而变为中子）而观测到中微子。他们一拍即合，很快成为合作伙伴。不过他们真正设计的实验是利用核子反应堆而不是在核爆炸现场。1953年，莱因斯和科温开始在一座功率较小的反应堆上进行实验，未能得到令人满意的结果。但他们并没有放弃，1955年又将实验搬到萨凡纳河国家实验室的大功率反应堆。这一回结果极佳，每小时可以观察到两个中微子。在进行了反复实验及核查后，他们最终确信中微子真的被观测到了，并在1956年6月14日公布了实验结果。莱因斯和科温在第一时间给泡利发去了电报，"我们非常高兴地告诉你，我们终于观测到了中微子，……测到的散射截面与理论一致"。泡利的回电虽只有干巴巴的两句，"谢谢来电。懂得等待的人，终会得到想要的东西"。不过他和朋友们喝了整整一箱香槟酒来庆祝。莱因斯因发现中微子而获得1995年诺贝尔物理学奖，科温却由于早逝而未能分享此一殊荣，成为一大憾事。

莱因斯和科温的实验开启了进一步研究中微子特性的大门。大量的实验揭示出中微子的另一怪异特点——具有与众不同的手征性。手征性可以用陀螺作为一个简单的

莱因斯和科温在汉福德中微子实验控制中心（1953）

例子来粗略说明：陀螺一头尖一头平，以尖的一端作为参照，就可以定义旋转的陀螺的转动方向（即手征性）——顺时针或逆时针。基本粒子也具有手征性。不过在粒子物理中不说顺时针与逆时针，而说左旋与右旋。对大多数粒子来说，左旋与右旋是对称的，即如果存在具有左旋的某种粒子，就一定存在具有右旋的同种粒子。假如一个具有左旋的粒子去照镜子，镜子里看到的就是一个具有右旋的同种粒子。在粒子的相互作用中，如果以左旋粒子取代同种的右旋粒子而结果不变，这种相互作用就具有手征对称性。然而令人费解的是，实验中观测到的中微子都是左旋的（反中微子则都是右旋的），世上似乎根本不存在右旋中微子。没有右旋中微子的一个直接结果是，如果能让一个中微子去照镜子，镜子里就将什么都没有！有人怀疑中微子的这种不对称性也许与宇宙的形成有关，可能是揭开宇宙中物质与反物质高度不对称之谜的关键。

首次探测到中微子靠的是核子反应堆。其实太阳就是一个超大型的反应堆，它所发出的光和热是产生于发生在其核心的热核反应。由于需要穿过厚厚的等离子体，在核心产生的能量要经过上百万年才能到达太阳表面。也就是说，我们现在沐浴的阳光是产生于百万年之前的。但是热核反应中产生的大量中微子却可以几乎不受阻滞地直达表面、飞离太阳。这就意味着，通过研究目前收到的太阳中微子，人们可以了解一些百万年后太阳能的状况。20 世纪 60 年代末，巴赫恰勒（John Bachall，1934—2005）借助基本的核物理和天体物理知识，从理论上计算了来自太阳的中微子流量。为了核实他的计算结果，巴赫恰勒建议他的朋友、实验物理学家戴维斯（Raymond Davis，1912—2006）进行一项测量太阳中微子的实验。为了排除其他外界因素的干扰，戴维斯将实验室设在美国南达科他州的一个一千多米深的废弃矿井里。根据巴赫恰勒的计算，戴维斯应该每星期观测到大约 10 个太阳中微子，然而实际观测到的仅 3 个左右（这项实验后来为戴维斯赢得了 2002 年的诺贝尔物理学奖）。不少核物理学家用不同的模型对太阳的中微子流量进行了反复的计算，得出的结果都与巴赫恰勒的结果一致。然而戴维斯的实验也无懈可击，他有一条非常过硬的论据：如果是外界的其他来源造成了"污染"，观测到的中微子数目只会比理论上的更多而不是更少。理论与实验的巨大差异不但在物理界引起轩然大波，就连大众媒体也掺和进来了，诸如"太阳病了"之类的文章随处可见。

其实解开这个谜团的钥匙在几年前就已经被庞蒂科夫（Bruno Pontecorvo, 1913—1993）打造好了，只不过在当时没有引起多少人的重视。庞蒂科夫是出生在意大利的犹太人，曾在费米领导的著名研究小组中工作过，一直从事核物理方面的研究。"二战"时为了躲避纳粹的迫害，流亡到美国，后来去了英国并参与过英国的原子弹计划。可他同时又是苏联克格勃的间谍，1950年版逃去了苏联。在60年代初，物理学家们就已经知道中微子应该不止一种。常见的中微子是与电子相关联的电子中微子，此外还有与另两种轻子 μ 子和 τ 子相关联的 μ 中微子和 τ 中微子。这三种中微子在物理上可以用具有不同的"味"来加以区分。庞蒂科夫在1967年提出了一个大胆的设想：如果中微子的静止质量不为零，中微子就可能"变味"，即电子中微子可以自动变成 μ 中微子、μ 中微子可以自动变成 τ 中微子、τ 中微子又能自动变成电子中微子，循环往复——这就是著名的中微子震荡。然而物理界普遍相信中微子是以光速运动的，根据相对论，以光速运动的粒子其静止质量只能为零。这也是庞蒂科夫的理论无人问津的根本原因。

有意思的是，庞蒂科夫的理论却为太阳中微子的难题提供了一种非常自然的解释：太阳的核反应中产生的中微子虽然只有电子中微子（为此戴维斯设计的实验只探测电子中微子），但如果它们在飞往地球的旅程中不断重复电子中微子→μ中微子→τ中微子→电子中微子的循环，那么实际到达戴维斯的探测器时，就是三种中微子，而不是单一的电子中微子。因而测到的电子中微子数量当然就只有出发时的1/3了。由此看来，巴赫恰勒的计算和戴维斯的实验都没有错。为了证实来自太阳的中微子真的是三种"味"的混合体，1999年在加拿大萨德伯里一个三千多米深的矿井里安排了可以同时探测三种"味"的中微子的精密实验，此次实验测到的中微子总流量与理论计算值完全吻合，从而给"太阳中微子丢失"之谜画上了一个完美的句号。庞蒂科夫若不是具有上面所说的那种复杂背景，他应该有可能因提出中微子震荡理论而获得诺贝尔奖。

自70年代以来，为了研究中微子震荡，进行了大量的科学实验。其中最典型的是一系列测量不同"味"的中微子之间振荡概率（用来决定一种中微子转换成另一种中微子之可能性的大小）的实验。振荡概率一共有三种，其中两种的数值已经被准确测定，分别为0.861和0.97。还剩一种，由于其数值比较小，因而难以测定。确定第三种振荡概率正是目前中微子实验的热点。

OPERA大概可以算是目前规模最大的中微子实验。它运用位于瑞士日内瓦的欧洲核子研究组织（CERN）超

级质子同步加速器产生的高强度、高能量的 μ 中微子束
向 730 公里之外、位于意大利中部的格兰沙索国实验室
传送，其目的是观测 μ 中微子与 τ 中微子间的振荡现象。
2010 年 5 月 31 日 OPERA 公布了从 μ 中微子束中探测到
的 τ 中微子现象，为中微子振荡提供了相当过硬的证据。
一年多之后，OPERA 又在物理学界投下了一颗新的巨型震
撼弹。在一篇由 174 名科研人员署名的论文里，他们宣称
实验中所测到的中微子速度比真空中的光速还快了 6 米 /
秒。这自然立即成了科学界的头号新闻，因为此一结果如
若真的属实，则将动摇作为近代物理学两大基石之一的相
对论，整个物理学就可能发生翻天覆地的变化。尽管绝大
多数物理学家都对这项实验结果持怀疑态度，有些理论
物理学家却已经开始筹谋为相对论寻找出路了。他们希
望在现有的相对论框架下（即仍然保持真空中光速不可超越），为
OPERA 的这项实验提供一项合理的理论解释。比如有人
提出，按照流行的宇宙学理论，在构成宇宙的全部物质
中，暗能量占 73%，暗物质占 23%，真正能"看到"的
物质仅占 4%。假设暗物质真的无所不在，如果它与光子
间有哪怕极微弱的一点相互作用（这是一个很强的假设，因为
到目前为止还没有什么证据显示暗物质能与任何其他物质发生相互作用），
那么我们所测量到的光速或中微子的速度就不是真空中的
速度，而是它们在介质（暗物质）中的速度。在介质中出现
超光速现象是不足为奇的，也不会动摇相对论的理论基
础。正当这些理论物理学家们摩拳擦掌准备抢占新的理论

制高点时，2012年2月突然又从圈内传出让人瞠目结舌的消息：OPERA公布的实验结果也许是个超级大乌龙！测到的中微子超光速数据可能只是由于电脑光纤的接头松动而导致的误读。科学实验就是这样，有时候会让人空欢喜一场。

尽管OPERA闹了一个大笑话，中微子震荡依然是物理学界的热门话题。不久之前，从我国大亚湾核电站传出一个振奋人心的消息，由250名来自六个国家的科研人员组成的大亚湾中微子实验国际合作组获得了中微子第三种振荡概率的可靠数据。在2011年12月24日至2012年2月17日的实验中，科研人员使用了六个中微子探测器，完成了实验数据的获取、质量检查、标度、修正和数据分析。结果表明中微子第三种振荡概率为0.092、误差0.017，从而首次证实了这种新的中微子振荡模式的存在（在此之前，日本、美国和法国的实验室也曾测量过这一振荡概率，但由于误差较大，无法给出决定性的结论）。不少权威人士认为，如果最终证实实验结果准确无误，它有可能成为首个在中国国内完成的获得诺贝尔物理学奖提名的科研成果。

从泡利预言中微子的存在到今天，八十多年已经过去了，人们对中微子的认识与那时已不可同日而语。然而仍然有一些根本性的问题有待从理论上和实验上加以解决和证实。一个例子是，目前有两种比较完备的中微子理论，一个由狄拉克提出，另一个来自物理奇才马约拉纳，二者都可以对现存的所有实验给出完美的解释。

如果中微子的静止质量为零，则这两个理论永远分不出优劣。然而一系列有关中微子震荡的实验，基本肯定了中微子是有质量的，因而对这两个理论的最终判定也许已为期不远了。八十多年来，中微子不时给物理学界制造些"麻烦"，有时也带来些意外的惊喜。我们对它的认识也在不断深入。今天已经有人开始从技术层面上考虑如何利用中微子的特性来造福人类，比如中微子可以穿透几乎任何物体，如果能对它的发射和接收有效掌控，它可能成为长程通讯的理想载体。总之，中微子的故事仍在继续，而且还会持续很久。

哥白尼原则之争

哥白尼原则是由数学家兼天文学家邦迪在 20 世纪中期提出来的一种哲学陈述：在宇宙间，地球并不处于中心的优越地位，人类也不具有一个特殊观测者的身份。这个概念后来被进一步扩展为**在宇宙间没有一个观测者占有特别的位置**。哥白尼原则这个名词虽然在六十多年前才开始使用，但其思想早在哥白尼于 1543 年发表日心说（地球围绕太阳运行，而不是太阳围绕地球运行）的时候就已经诞生了，而且自那时起就一直是天文学和宇宙学的一条重要指导原则。哥白尼的日心说把地球的地位从宇宙的中心降为太阳系中的一颗普通行星，伽利略的望远镜又进一步发现太阳也不过是银河系里数不胜数的恒星中的普通一员。

不过，对哥白尼原则的质疑和挑战也从来没有停止过。且不说来自宗教方面的强力抵制，单在科学方面它也遭遇过一次又一次的冲击。在 20 世纪初，著名荷兰天文学家卡普坦（Jacobus Kapteyn，1851—1922）根据当时所掌握的天文观测结果，推论出太阳系位于银河系的中心，而银河系则是孤悬于宇宙中的一个"宇宙岛"。这就赋予了太阳系一个特殊地位，以致很多人都以为哥白尼原则从此被打破了。然而，仅仅十几年之后，大量新的观测结果就显示出太阳系不但不在银河系的中心，而且像银河系这样的星系在宇宙中比比皆是。

另一次对哥白尼原则的严峻挑战也发生在1900年左右。当时流行的一种关于行星形成的理论认为，只有在另一颗恒星曾经非常接近太阳的情况下，围绕太阳运行的行星才有可能生成。尽管宇宙中类似于太阳的恒星多如牛毛，但由于两颗恒星非常接近的概率极低，因此伴有行星的恒星可能只太阳系一家，也就是说太阳系具有其独特的地位。要想推翻这一理论，就必须找到太阳系外的行星。这可比否定前面提到的卡普坦理论难得多了。虽然科学界多年来一直普遍相信应该存在太阳系外行星，但相信与证实之间是有一条巨大鸿沟的。这主要是因为天文望远镜的分辨率有它的极限。分辨率就像尺子上的刻度，我们无法拿尺子去量一个比其刻度小很多的东西。如果用 d 表示某个行星与它所围绕运行的恒星之间的距离，用 R 表示该恒星到地球的距离，要想在天文望远镜里将这个行星与对应的恒星区分开来，望远镜必须大体上能分辨到 d/R（以弧度角为单位）的精度。以地球到太阳的距离作为 d 的估计值，即使是离地球最近的恒星（太阳除外），其 d/R 的数值也只有大约 0.000004。再加上恒星很亮而行星要暗得多，这就使直接"看"到太阳系以外的行星极为困难。证实在太阳系之外存在行星，是最近十几年的事（首例是在1992年）。

它们中的绝大部分是靠观测恒星的运动或亮度变化而推断出来的。真正能"看"到的太阳系外行星只有屈指可数的几颗。

到目前为止，已经观测到了五百五十多颗太阳系外行星。毋庸置疑，今后被观测到的太阳系外行星的数量还会以更快的速度增加（据估计，光是我们所在的银河系里就有大约 500 亿颗行星）。人们现在最感兴趣的已经不是找到多少行星，而是寻找具备生物生存条件的行星。最近，法国科学家利用极复杂的计算机模拟方法，论证了距地球 20 光年的 Gliese 581d（围绕恒星 Gliese 581 运行的一颗行星）具有潜在的可居住性。它的轨道离 Gliese 581 不远不近，拥有大气层，表面温度可允许液态水存在。这些都是能够产生和维持生命的有利条件。当然，这仅仅是推断。以现有的技术，要想直接知道太阳系外行星上的确切状况，是完全不可能的。主要原因之一是行星围绕运行的恒星所发的光太亮。所以有些科学家建议用火箭及一种尚属保密的技术，将一块足球场大小的"遮阳板"放到太空里去。利用这块"遮阳板"挡住来自恒星的光，就有可能直接观察到行星表面的情况（比如是否有山川、河流），以及分析大气层的成分和构成该行星的物质。不过这项计划是否真能付诸实施尚在未定之天，主要是经费问题，少说也得十几亿美元。

虽然已经证实了太阳系外行星的大量存在，但围绕哥白尼原则的争论并没有因此而止息。随着越来越多太阳系外行星被发现，争论的主战场已经从寻找行星转移到了是否存在地球外生命等方面。应运而生的天体生物学就是对地球外生命进行综合研究的一个新学科。

以现有的技术水平，不要说去太阳系之外的行星，就是想登上太阳系的其他行星去寻找生物也不是件容易的事。不过有一点是不难想象的，就是这些行星上的自然环境可能会比地球表面恶劣很多倍。根据美国国家航空航天局火星探测器发回的资料，基本上可以肯定生物不能在火星表面生存。但这并不意味着在火星表面之下的岩层深处生物也不可能生存。尤其是有迹象显示火星上曾经有过水及现在在表面之下还存有大量的冰，这就更增加了在岩层里发现火星生物的可能性。尽管现在还无法到火星上去挖掘，但先看看地层深处的岩石中是否有生物生存却是可能的，也是很有意义的。2007年被《时代周刊》列为世界上最具影响力的100人之一的普林斯顿大学教授斯托特（Tullis Onstott）是这方面的先驱。但在90年代中期，当他首次提出到南非金矿中距地面之下数公里深处去寻找可能存在的生物时，整个科学界都认为这是异想天开。他甚至连资助这项研究的基金都申请不到，因而不得不自掏腰包，拿出6000美元，来开始他的导致划时代发现的"地下之旅"。幸运的是，他很快就发现了能在地下5公里深处生存的微生物。这些微生物生活在我们通常认为生物根本无法生存的环境之中，它们不但能"动"，而且还能分裂。虽然这种分裂可能一个世纪才发生一次，但毕竟说明它们可以复制自己，这是生物体的关键特征之一。几年之后，斯托特和他的同事们又在地下深处的岩层里找到了一种奇特的细菌，它们在暗无天日的环境中可能已经生存了300万至4000万年，仅靠周围岩石放射性衰变释放的辐射能量、极少量的矿物质和从岩缝中渗漏下来的一点点水分来滋养。它们不仅有DNA、能够"传宗接代"，而且明显还活着！斯托特的研究团队给这种了不起的细菌起了一个具有特别含义的名字：Desulforudis audaxviator（拉丁文，意思是嗜热且大胆的旅行者。出自凡尔纳的著名科幻小说《地心游记》中李登布罗克教授得到的一张羊皮纸上所写的一句话，这张羊皮纸是引导他进行地心探险的指南）。

像斯托特这样到地球上那些环境极差的角落去搜寻生物，一直是天体生物学的一项重要课题。除了岩层里，人们在南极的冰层之中和碱性极高的荒漠土壤里都发现有微生物可以生存。这些发现从侧面支持了地球外可能存在生物的看法。不过，不论是在地下深处的岩层里还是南极的冰层中找到的生物，它们毕竟是地球上的生物。最有希望发现真正地球外生命的地方，还是大家都熟悉的火星。在孩童的时候，很多人大概都听过或看过有关火星人的科学幻想故事。遗憾的是，现在已经百分之百地证实了火星上没有火星人。不过，火星上还是可能存在或存在过生命的。几十年来，关于火星上是否有生物的论争已经反复了好几次。第一次高潮是1976年7月及9月美国的海盗1号和2号探测器在火星着陆，由天体生物学的先驱者莱文

（G. V. Levin）设计的一项实验"证实"探测器挖到的火星土壤样本中有某种生物体。这在当时是爆炸性的新闻。可没过多久，这一结论就被一些别的科学家推翻了，因为莱文的实验结果也可以用样本中存在某些其他非生物体的物质来解释。第二次高潮则是在1996年，美国国家航空航天局的麦凯（David McKay）等人在最权威的科学期刊《科学》上发表了一篇关于在编号为ALH84001的火星陨石里发现生命迹象的文章。其实麦凯在该文中还是比较留有余地的，他只说发现了可能是来自微生物的残留物，并没有说发现了微生物的化石。不过在媒体的炒作下，这一研究结果很快被外界解读为"火星上有生命的证明"，其震撼效应可想而知。连美国前总统克林顿都在演讲中专门提及此事，"如果这一发现被确认，它将肯定是有关我们宇宙的最惊人的科学发现之一"。与莱文的命运颇为相似，麦凯的发现不久就受到了科学界的质疑，至少有8篇论文指出这些残留物可以产生自其他非生物的过程。不过麦凯和他的支持者们并没有投降，这方面的争论起起伏伏一直持续到今天。

两次大起大落之后，相关领域里的科学家们都意识到在这个问题上下结论必须慎之又慎。一项甚至某一方面的孤立证据是远远不够的。近年来最受人关注的新发现是在火星的大气层里观测到大量的甲烷。在地球的大气层里，90%的甲烷都产生自生物体。因而这一发现很可能意味着火星上有或有过生物体。这方面研究的重量级人物之一是美国国家航空航天局的马马（Michael Mumma）。他所领导的研究组对火星大气层中甲烷含量的分布做了系统的测量，这项工作目前还在进行中，他们希望绘制出尽可能完整的火星甲烷分布图，然后用这张图与已知的火星表面上可能有过水或表层之下可能有冰的区域进行对照（生物体与水密不可分），以期能定位出几个最有可能存在生物的地方。这对将来发射探寻生物的火星探测器具有重要意义，因为探测器的活动范围有限，能否降落在"正确"的地区是极为关键的。

马马和他的同事们所进行的工作非常烦琐和细致，需要极大的耐心。这不是大多数急功近利的人愿意干的。马马这个人也确实与众不同，他能成为一名科学家这件事本身就有点不可思议。马马的家庭属于福音联合弟兄教会的基本教义派，换句话说，就是出身于一个宗教信仰极强的家庭。然而他从小喜欢独立思考，11岁时就用在学校学到的科学知识来质疑牧师关于上帝创造世界的说法。他的家族自1731年移居美国后，一直生活在宾夕法尼亚州乡间的农场里。马马是第一个离开农场出去闯世界的。他不仅选择了科学研究作为自己的职业，而且目前所致力的工作更直接挑战宗教的一个基本观点——地球是唯一有生物的地方。

要想最终给火星上是否有生命这个问题画下句号，必须靠登陆到火星上的实地考察。计划于今年年底发射的"火星科学实验室"比以前在火星上着陆的各种探测器都

火星科学实验室

先进很多倍，它上面有一套叫做火星样品分析的仪器，目的就是对火星的大气、水文、土壤、岩石等等进行精确和系统的分析，希望能发现生命存在的蛛丝马迹。不过，美国国家航空航天局这回刻意避免使用"探测生命"之类的字眼，生怕再一次误导民众。另外，欧洲空间局与美国国家航空航天局还联手制定了新一代火星生物探测计划（ExoMars）。其中预定于2016—2018年发射的探测器可能会携带把样品送回地球的装置，如果真能实现，对火星的研究将进入一个新纪元。

围绕哥白尼原则的争论并不单单是纯科学的争论，其中还夹杂了很多宗教的和哲学的因素。比如对基督教来说，虽然可以承认地球不在宇宙的中心，但人类必须是唯一的，否则基督降世以拯救人类之说就难以立足了。从某种意义上讲，也可以说这是一场信仰之争，因而也就很难分出最终的胜负。即使科学家们赢得了现阶段的胜利——真的找到了地球外生命，反对派还是可以提出新的挑战（比如说，宣称具有高智力的人类是宇宙间唯一的）。其实，不断有新的挑战出现并不是一件坏事，科学本身就是在不断克服各种挑战的过程中向前发展的。总体上来看，在这场持续了几百年的争论中，赞成派似乎在取得节节胜利，只是每攻占一块阵地都要付出极大的努力，花费很久的时间。

准晶体
——从纸上谈兵到诺贝尔化学奖

  对于地面上铺的瓷砖，大家一定不陌生。最简单的大概要算在厕所里常见的用单一颜色的正方形马赛克所铺成的地面。复杂一点的，则可以用多种颜色和多种形状（比如正三角形加正六边形）来铺设。更复杂些的，还可以用瓷砖排成图案。不管是简单的还是复杂的，它们通常都具有一些共性。其一是全面覆盖，即不会留下空缺的面积；其二是具有一定的秩序，或者说遵从某种规则；其三是周期性，也就是重复性。比如把由单一颜色的正方形马赛克所铺成的地面想象成能无限延伸（即一块无限大的地面），如果让这块地面向某个方向移动一块马赛克大小的距离或者旋转90度，我们会看到整个地面与移动或转动前并无二致，这就是具有平移对称性（平行移动的周期性）和转动对称性（旋转的周期性）。粗看起来，以有限种瓷砖按一定秩序铺成的地面似乎一定具有某种周期性。事实上却并非如此。在有些中世纪的伊斯兰清真寺中，就能看到有序而不具周期性的瓷砖地面。

  第一个从纯数学角度来研究这类问题的是著名华裔

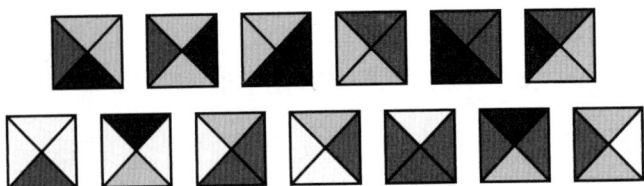

以王浩的名字命名的王氏砖

逻辑学家王浩（1921—1995）。他在1961年提出一个问题：如果想要确定一组给定的瓷砖能否铺满一个平面，在算法上是有解的还是无解的？他猜想是有解的。这一猜想的支柱是，任何一个瓷砖的集合，如果能铺满平面，就一定能以某种周期性的形式来铺满平面（即一定能从铺好的平面中找出某种瓷砖的组合图形，而这种组合图形在该平面中具有周期性）。然而仅仅两年之后，王浩的学生伯杰（Robert Berger）就举出了一个反例。他用一组20426种的王氏砖（王氏砖是每边有一种特定颜色的正方块，铺设成平面的规则是相邻两块王氏砖的边必须具有相同的颜色）铺成了非周期性的平面。伯杰并预言应该可以用更少种的王氏砖而达到同样的目的。到1996年，卡立克（Karel Culik II）只用了13种王氏砖就铺成了非周期性的平面。王氏砖后来得到了广泛的应用，包括被用来模拟DNA运算（利用DNA、生物化学以及分子生物学原理的计算机运算形式）和图灵机（一种抽象计算模型，是现代计算机的基础）。它甚至被写进了科学幻想小说《王氏地毯》（Wang's Carpet, Greg Egan, 1995）。

1974年，彭罗斯（Roger Penrose, 1931—　）仅用了两

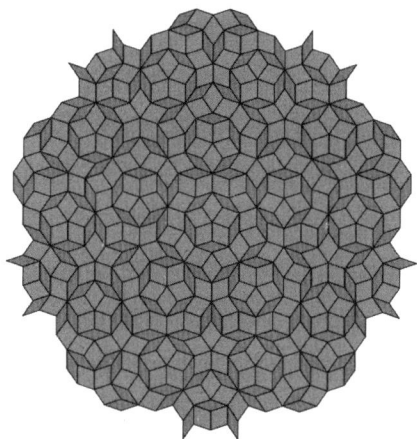

彭罗斯铺砖法

种砖片就铺成了不具有平行移动周期性的平面（称为彭罗斯铺砖法）。不过用他的方法铺成的平面具有五重态转动对称性，也就是如果将整个平面旋转 72 度（1/5 圈），平面就会回到原样。而伯杰等人铺成的平面是不具任何对称性的。

不管是王氏砖还是彭罗斯铺砖法，这些研究和应用以及由它们发展出来的相关领域，大都停留在纯理论的层面，基本上属于纸上谈兵。真正使这些研究与现实世界挂上钩的，是准晶体的发现。

要想知道准晶体是怎么回事，首先得对晶体有点了解。晶体在我们的日常生活中可以说是无所不在，关系最密切的大概要数每天吃饭都离不开的食盐。晶体的特性是构成晶体的原子（或者离子、分子）按照一定的规则在空间中排列并具有一定的周期性。在准晶体发现之前，这种周期性一般特指平行移动的周期性（平移对称性）。如果用 X 光照射晶体，就会产生衍射，在拍摄下来的照片上可以看到有规律的衍射光斑。反过来，通过研究衍射图案，又可以了解晶体所具有的对称性，从而分析出晶体的结构。如果用 X 光照射非晶体则不会产生衍射，因为非晶体（比如玻璃）不具有任何对称性。

在很长一段时间里，不论在化学界还是在物理学界，人们都普遍相信不可能存在不具有平移对称性却具有转动对称性的物质。这种看法于 1984 年被以色列科学家舍特曼（Dan Shechtman，1941—　　）的实验结果所打破。其实舍特曼在 1982 年就已经完成了这项实验，只是由于结论太过离经叛道，以致他没敢立即发表。后来事态的发展也证明他的担心并非杞人忧天。

1981 至 1983 年，舍特曼在美国约翰·霍普金斯大学进行访问研究期间，参加一项与美国国家标准局的合作项目，主要研究铝与过渡金属在快速凝固后所形成的合金之特性。1982 年 4 月 8 日，舍特曼把铝和锰的混合物加热到高温再让其迅速冷却，并利用电子衍射技术进行观察。观测结果令人难以置信，因为他看到快速冷却后形成的铝锰合金似乎表现出具有十重态转动对称性。进一步的分析让他最终确信他所观测到的应该并非十重态，而是五重态转动对称性。五重态或十重态都对应于不具有平移对称性却具有转动对称性的结构，因而一直被认为是不可能存在

丹·舍特曼

于物质世界中的。舍特曼当然明白如果他的结论真的成立，这项实验将具有划时代的意义，所以必须慎之又慎。这大概是他迟迟未把论文正式发表的主要原因。直到他在以色列理工学院的同事布莱什（Ilan Blech）于 1984 年为他的实验提出了一个理论模型（二十面体玻璃模型）后，他们才合作完成了一篇论文。他们最初把论文寄给《应用物理期刊》，但吃了闭门羹。后来在美国国家标准局卡恩（John Cahn）的建议及法国数学晶体学家伽希亚（Denis Gratias）的参与下，他们四人将实验部分单独写成了一篇短文投给物理学界最权威的《物理评论快报》。《物理评论快报》的审稿人和编辑还是颇有眼光的，他们很快就接受了这篇论文，几星期后就刊登在该刊第 53 期（1984 年 11 月）上。顺便提一句，《物理评论快报》是审稿制度最严的科技期刊之一，每篇论文需经两位审稿人独立审定通过后才能发表。《物理评论快报》很以他们在这件事上慧眼识英雄而自豪。这篇论文后来成为《物理评论快报》上刊登的所有论文中引用率第八高的文章。

故事并没有到此结束，论文的发表可以说仅仅是万里长征踏出了第一步。在此后的许多年里，舍特曼的日子其实更不好过。他的发现刚一公布就受到了同行们的群起挞伐，几乎所有的人都认为其结论是错的。舍特曼后来在被采访时说"在很长一段时间里，我是在与整个世界对抗"。他的头号"敌人"是美国化学界的泰山北斗，同时又是为全世界所敬仰的和平主义者鲍林（L. C. Pauling, 1901—1994, 获1954年诺贝尔化学奖、1962年诺贝尔和平奖）。鲍林对舍特曼的实验持彻底否定的态度，他甚至在大会上丝毫不留情面地说舍特曼在"胡说"，"没有准晶体，只有准科学家"。不光是鲍林，就连舍特曼所属的研究小组的组长也曾不客气地要他"回去读教科书……停止为团队'带来耻辱'"。尽管单枪匹马，舍特曼却不肯投降，这大概是所有伟大科学家的共性——绝不轻言放弃。

真理就是真理，并不会因为一些权威的否定而变成谬误。舍特曼的论文发表后仅仅几个月，依西马萨（T. Ishimasa）等人就发现镍铬合金具有十二重态转动对称性（1984年12月13日《物理评论快报》）。两年多之后，中国科学院北京电子显微镜实验室的研究人员又发现快速凝固的钒镍硅合金和铬镍硅合金具有八重态转动对称性（1987年5月12

日《物理评论快报》）。十二重态及八重态与五重态一样，过去均被认为是不可能存在的。第一个使用准晶体这个名称来描述这类具有转动对称性却不具有平移对称性的物质的，是理论物理学家、普林斯顿大学的爱因斯坦讲座教授斯泰恩哈特（Paul Steinhardt）。随着越来越多种准晶体的被发现，大多数人开始逐渐接受准晶体确实存在这一客观事实。1992年，国际结晶学联合会对晶体重新进行了定义，把原来定义中的"具有某种固定、有序并重复的三维模式"修改为"具有某种分立的衍射图案"——从而将准晶体也纳入了晶体的范畴。

在首次观察到准晶体衍射图案29年之后，瑞典皇家科学院决定将诺贝尔化学奖授予舍特曼。2011年12月10日对舍特曼来说是一个辉煌的日子，在这一天举行的诺贝尔化学奖的颁奖典礼上，由化学诺贝尔委员会成员利金（Sven Lidin）教授介绍舍特曼所取得的重要成就。他在致辞中首先引用了那段曾被牛顿等人多次引用过的著名比喻："我们就像在巨人肩上的矮人，之所以能看得更清和更远，不是因为我们有更敏锐的视力，而是因为被巨人的躯体高高托起。"然后强调指出由于巨人行进的方向并不一定总与矮人想去的方向相一致，在有些情况下，矮人必须舍弃巨人的肩膀，脚踏实地去追寻自己的目标。敢于离开巨人的肩膀是一项挑战，舍特曼正是那种勇于接受挑战、坚定不移走自己的路的开拓者。

舍特曼1982年的实验所用的材料以及其后发现的上

百种准晶体都是在实验室里按照严格控制的步骤而人工合成的。这样的环境在自然界中几乎是不可能存在的。因而在自然条件下能否形成准晶体，在很长一段时间里曾经是人们十分关注的一个课题。有人将九千多种天然矿物质的衍射图案与已知准晶体的衍射图案进行了对比，希望从中找到自然生成的准晶体，结果一无所获。直到2009年，宾迪（Luca Bindi）等人经过十年的不懈努力，终于从收藏在意大利佛罗伦萨大学自然历史博物馆的一块来自俄罗斯科里亚克山区、生成于三叠纪（约两亿年前）的铝锌铜矿石（其表面成分有尖晶石、辉石和橄榄石）里面找到了一种成分为 $Al_{63}Cu_{24}Fe_{13}$ 的不知名矿物质颗粒，这种矿物质颗粒显示出具有五重态的衍射图案（2009年6月5日《科学》）。宾迪等人的发现为准晶体也能在自然条件下形成提供了第一个有力的证据。不过这又给地质学提出了新问题：铝锌铜矿石中的准晶体颗粒是如何生成的？三叠纪时的科里亚克山区又怎么会具备这样的条件？科学上的事情往往就是这样，一个问题的解决不但不是终点，反而引发出一堆新问题。

量子计算的过去、现在与未来

2012 年的诺贝尔物理学奖被授予阿罗什（Serge Haroche）和维因兰德（David J. Wineland），以表彰他们"发现测量和操控单个量子系统的突破性实验方法"。瑞典皇家科学院发布的关于诺贝尔物理学奖的公告里专门强调了他们的研究成果在应用方面的重大意义："他们的突破性的方法，使得这一领域的研究朝着基于量子物理学以建造一种新型超快计算机迈出了第一步。就如传统计算机在 20 世纪的影响那样，量子计算机或许将在 21 世纪以同样根本性的方式改变我们的日常生活。"阿罗什和维因兰德的发现在物理上固然十分重要，但量子计算机日益显现出的潜在应用前景，对他们获得诺贝尔奖大概也加分不少。

从 20 世纪 70 年代起，一些物理学家和计算机科学家开始设想基于量子力学原理的计算装置。1982 年，著名理论物理学家费曼（Richard Feynman, 1918—1988，获 1965 年诺贝尔物理学奖）在一次演讲中首次提出了一个利用量子系统进行计算的抽象模型。这标志着跨越物理学与计算机科学的一个崭新领域——量子计算的诞生。三年多后，达奇

（David Deutsch）认识到，以费曼的想法为基础，起码在理论上可以建造出通用目的的量子计算机。他在一篇论文里证明量子计算机可以准确无误地模拟任何物理过程，这为量子计算从纯理论走向实践开启了大门。

量子计算的理论基础是量子力学。量子理论虽然有近百年的历史，但时至今日我们对量子力学的了解可以说仍是只知其然而不知其所以然。如果接受量子力学的原理，我们可以从这些原理出发，对微观世界中的物理现象作出完美的解释。至于为什么有这些原理，大概只有天知道。所以费曼才会宣称"我想我可以放心地说没有人懂量子力学"，他这里说的"懂"当然是指知其所以然。

"薛定谔的猫"是人们在谈论量子力学的古怪特性之一"叠加态"时最常引用的一个思想实验：把一只猫放进一个封闭的盒子里，然后把这个盒子连接到一个包含一个放射性原子核和一个装有毒气的容器的实验装置。设想这个放射性原子核在一个小时内有50%的可能性发生衰变。如果发生衰变，它将会发射出一个粒子，而发射出的这个粒子将会触发该装置，打开装有毒气的容器，从而杀死这只猫。根据量子力学，未进行观察时，这个原子核处于已衰变和未衰变的叠加态。但是，如果在一个小时后把盒子打开，实验者只能看到"衰变的原子核和死猫"或者"未衰变的原子核和活猫"两种情况。问题是，这个系统从什么时候开始不再处于两种不同状态的叠加态而成为其中的一种？在打开盒子观察以前，这只猫是死了还是活着

抑或半死半活？根据以量子理论创始人玻尔为首的哥本哈根学派的解释，当观察者未打开盒子之前，猫处于一

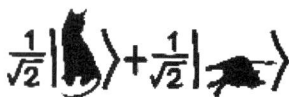

"薛定谔的猫"公式图

种"又死又活"的状态，一旦观察者打开盒子观察，猫呈现在观察者面前的只会是"活"或"死"的状态之一。换言之，当一个量子系统处于叠加态时，如果不对它进行观测，它会一直处于既是此又是彼的状态。一旦对它进行观测，它则立刻呈现为非此即彼！如何解释量子力学里这类有悖常理的现象，多年来一直令物理学家和哲学家们大伤脑筋。不少人都曾尝试寻找一种说得通的解释，比如被不少物理学家所认可的"多重历史"解释和与其对立的"多重世界"解释。但始终没有真正令人完全满意的结论。著名理论物理学家霍金就不止一次地说过"每当我听见'薛定谔的猫'这个词，就想拔枪"。不过也正由于奇特的量子叠加态的存在，才使量子计算和量子通讯成为可能。

量子计算机的另一个根本原理是基于存在一种所谓的量子缠结态。不妨来看一个简单的例子。电子是大家比较熟悉的基本粒子，它本身具有两个自旋态：向上或向下，但如果不进行观测，它可以处于不上不下的叠加态——就像"薛定谔的猫"处于"又死又活"的状态一样。我们可以通过某种物理手段将两个电子耦合在一起，耦合之后的特性是，如果一个电子的自旋向上，则另一个的自旋也必定向上，如果一个电子的自旋向下，则另一个的自旋也必

定向下。这两个电子形成的耦合态，就是量子缠结态。由于每个电子的自旋在未被观测的情况下处于叠加态，所以它们组合而成的体系也处于叠加态。量子缠结有一个奇妙的特点：两个电子一旦量子缠结在一起，在不破坏它们状态（即不对其中任何一个进行观测）的前提下，即使将它们分隔在很远的距离之外，其量子缠结态也会继续保持不变。如果对其中之一进行观测，得到它的自旋是向上的，那么在此之后对另一个在远距离之外的电子进行观测所得到的结果就只会是向上的。反之亦然。这就相当于将信息（如果把自旋向上/向下看成是0/1）瞬时从一处传递到了另一处。时下极为热门的量子通讯就是基于这种原理。量子通讯目前只是处于初级的研究阶段，离实际应用还差得很远。最困难的是如何把量子缠结在一起的两个粒子中的一个不受干扰地运到远距离之外，因为一旦被扰动，叠加态将不复存在，一切就都完蛋了。

有意思的是，量子缠结最初在物理学界引起关注，不是在于它的巨大潜在应用价值，而是被爱因斯坦、波多斯基（Boris Podolsky）和罗森（Nathan Rosen）作为质疑量子力学完备性的悖论于1935年提出的（EPR理论）。他们认为量子缠结态的存在，似乎破坏了在物理学上非常基本的定域性原理，因而应该存在一种可以涵盖所有量子力学结论的更完备的"定域隐变量"理论（或曰"定域实在论"，即定域论与实在论相结合的产物）。30年后，贝尔（John Bell）提出了一个著名的思想实验——贝尔实验，在此实验中，定域隐变量理论和量子理论会得出明显不同的结果。自1972年以来，贝尔实验被实际进行了很多次，精确度也越来越高，所有的结果都指向量子理论优于定域隐变量理论。

对传统计算机来说，信息是由一系列位元（0/1）合成的编码，这些位元经过特定组合的布尔逻辑门一步接一步地进行处理，从而得出最终结果。量子计算机则是通过量子位元和量子门对信息进行处理。在这点上量子计算机与传统计算机并没有本质区别。所以从理论上讲，传统计算机可以模拟任何量子计算机。但另一方面量子计算机与传统计算机又有着本质的不同。其中最重要的有两点。一是存在叠加态，300个处于叠加态的量子位元所能承载的信息量是 2^{300}，这比整个宇宙中基本粒子数量的总和都大得多，是传统计算机根本不可能处理的。二是量子缠结，它使相互缠结的量子位元间的信息传递可以以连锁反应的形式在瞬间完成。这些特性决定了当处理某些种类的计算问题时，不论是速度还是效率，传统计算机都无法与量子计算机相提并论。一个典型的例子是整数的因数分解（将一个整数分解成若干个质数的乘积）。理论上，量子计算机可以在几秒钟内分解一个 10^{200} 数量级的整数，这对传统计算机来说是根本不可能完成的任务。由秀尔（Peter Shor）在1994年提出的第一个应用于量子计算机的算法——秀尔算法，针对的就是整数分解问题。秀尔算法不仅仅是为量子计算提供一个可行的运算模型，同时还显示出量子计算巨大无比的潜在应用价值。互联网如今已经是人类社会不可分割的一个重要部分，而互联网的安全几乎完全取决于加密技术。在公钥加密和电子商业中被广泛使用 RSA 加密算法所依仗的，就是对极大整数做因数分解的困难程度。它原本被认为是不可破解的，但在量子计算机面前却可能不堪一击。

量子计算机的另一强项是搜寻。搜寻是计算机应用上一个非常基本且重要的课题。比如有 10 个盒子，其中之一里面有一把钥匙。运气最坏的情况是把每个盒子都打开了才最后找到钥匙，即搜寻了 10 次。平均来说则需要 5 次。理论上已经证明，如果要从 N 个东西里搜寻到一个特定的东西，传统计算机需要搜寻的次数是与 N 成正比的。而格罗弗（Lov Grover）在 1996 年提出的应用于量子计算机的格罗弗算法，其搜寻次数仅与 N 的开方成正比。如果 N 是 100 万，传统计算机需要搜寻的次数是在 100 万的数量级。相比之下，量子计算机需要搜寻的次数仅为 1000 的数量级。

量子计算机与常规计算机最大的不同在于，一个处于叠加态的量子位元能够同时进行两个独立的运算，而常规位元一次仅能进行一个独立运算。理论上讲，300 个处于叠加态的量子位元可以同时进行 2^{300} 个运算，300 个常规位元则只能进行 300 个运算，它们之间的差异当然是天文数字。

不论是秀尔算法还是格罗弗算法，它们都只是为量子计算提供了重要的理论依据。要想真正实现量子计算，必须得能建造量子计算机。1994 年，劳埃德（Seth Lloyd）和金布尔（Jeff Kimble）等人利用原子与光子耦合技术，创造了最初的量子逻辑门。几乎在同一时间，瓦恩兰（Dave Wineland）和门罗（Chris Monroe）用离子阱与激光技术实现了类似的量子运算。不久之后，麻省理工学院的科研人员使用核磁共振（NMR）技术建造了具有 7 个量子位元的量子计算机，并在其上应用秀尔算法成功分解了整数 15——这标志着量子计算开始由理论走入了实践。总体上说，目前量子计算机的研制仍然处于摸索阶段。专家们对于建造量子计算机的最佳途径也没有共识。除了前面提到的三种方案，还有其他五花八门的十余种方案。然而所有这些方案中并没有一个可以脱颖而出，引领我们造出具有大量量子位元的大尺度量子计算机。

制造量子计算机最大的难题是如何克服外界对处于叠加态的量子系统的干扰。量子位元不但相互之间能够形成我们需要的量子缠结态，它们也可能与外界的原子、分子之间发生量子缠结。如此一来，外界一个微小的扰动就有可能引发量子计算机中量子位元一系列的连锁反应，使量子叠加态遭到破坏（这种现象被称为量子退相干），从而导致计算错误。因此，量子计算机不得不消耗大量的资源，用以控制和克服量子退相干引起的偏差。这个问题至今也没有找到比较完美的解决办法，可以说是现有的各种量子计算机的软肋。为了有效地对付量子退相干，科学家们正在寻求新的突破口。其中有两个研究方向很值得注意：其一是拓扑量子计算机，其二是以玻色—爱因斯坦凝聚为理论基础的量子计算机。

由于量子计算机在军事、民用和国家安全等诸多方面具有极大的潜在价值，几十年来，很多政府和民间机构都投入了大量的人力、物力和财力对它进行研究和开发。尽管如此，量子计算机目前基本都还处于实验室研究阶段，我们距离制造出方便、实用的量子计算机还有相当漫长的一段路要走。不过这种情况最近似乎开始发生了一点变化。美国最大的国防工业承包商洛克希德·马丁公司不久前宣布，准备将购自加拿大 D–Wave 公司的量子计算机系统正式投入使用，用它来"设计和测试复杂的雷达、太空装置和飞机系统"。这是第一家尝试将量子计算机用于商业用途的公司，究竟能否达到预期的效果，也许数年之后才会见分晓。如果洛克希德·马丁公司与 D–Wave 公司的尝试获得成功，这可能就是量子计算开始起飞的信号。

群星荟萃的 RNA 领带俱乐部

1953 年夏天，著名理论物理学家、大爆炸宇宙论之父伽莫夫在加州大学伯克利分校的校园里碰见手里拿着最新一期《自然》期刊的阿尔瓦雷茨（Luis Alvarez，获 1968 年诺贝尔物理学奖），阿尔瓦雷茨告诉他里面有一篇沃森和克里克（James Watson，Francis Crick，同获 1964 年诺贝尔生物与医学奖）写的文章很有意思。阿尔瓦雷茨所说的，就是那篇具有划时代意义的关于 DNA（脱氧核糖核酸，是一种储存遗传指令、引导生物发育与生命机能运作的生物大分子）双螺旋结构的文章，它是人类在通往发现生命奥秘的道路上迈出的关键一步。伽莫夫回去后仔细读了沃森和克里克的文章，立刻意识到了它的重要意义，并认定自己在这个前途无量的领域里也应插上一脚，有所作为。尽管那时他并不懂生物学，甚至对化学也所知有限。在从伯克利返回华盛顿的路上，他给在剑桥大学卡文迪许实验室工作的沃森和克里克写了一封信，向他们提了一系列有关 DNA 中核酸序列如何决定遗传信息的问题。沃森和克里克收到信后却没敢立即回信。原因很简单，在科学圈里，伽莫夫是出了名的喜欢捉弄人的家伙，他们可不想被他愚弄，授人以笑柄。直到若干天后又收到了伽莫夫写的一篇有关DNA的核酸序列如何决定蛋白质的氨基酸序列的论文草稿之后，他们才确定伽莫夫不是在开玩笑。在这篇论文里，基于DNA中核酸的排列必须遵从一定的组合规则，伽莫夫建构了一个非常简单的模型，并得出需要以三个核酸一组才能为20个氨基酸编码的重要结论。他的思路虽然是对的，结论却是错的。实际过程远比他想象的要复杂得多，蛋白质的氨基酸序列需要经过RNA（核糖核酸，主要分三类，最重要的功用是在细胞复制过程中对DNA中储存的遗传指令进行转录、识别和转运以及合成所需的特定蛋白质）的传递才能完成。即便如此，他的想法为后续的研究指出了正确的方向，仍然意义重大。

沃森、克里克和伽莫夫很快成了好朋友。1954年夏天，伽莫夫听说沃森和克里克会去美国著名的避暑胜地鳕鱼角的伍兹霍尔海洋生物实验室工作一段时间，他于是向那里的一位友人借了一所临海的小别墅，这里就成了伽莫夫、沃森和克里克几乎天天聚会的地方。克里克有一段关于那时的回忆："绝大多数的下午，杰米（沃森的昵称）和我都会去那所小别墅，与伽莫夫一起坐在岸边讨论各种各样的问题——从基因编码到漫无边际的闲聊，有时候就在那儿看伽莫夫给路过的漂亮女孩儿用扑克牌变戏法。在那些日子里，科学研究的节奏不像现在这么忙乱。"对于今天做科学研究的人们，这种悠哉游哉的日子肯定是一去不复返了。

1954年冬天的某日，伽莫夫、沃森、奥格尔（Leslie Orgel）和斯坦特（Gunther Stent）一起去参加在伯克利的一个晚餐聚会，与会者大都是对RNA结构感兴趣的年轻生物化学家。在餐会中他们四人产生了创立一个协会的念头，协会的目的就是让成员之间能相互交流研究RNA结构的新想法，以及通报各种新消息、新进展。他们最后决定将这个协会命名为RNA领带俱乐部，还限定俱乐部一共有20个会员。以20人为限是因为只有这么多种氨基酸。每个会员都以一种氨基酸作为自己的绰号并配发一条特制的领带外加一个领带夹。伽莫夫亲自为俱乐部设计了领带上的图案——RNA结构的示意图，领带夹上面则刻有对应于每个人代号的氨基酸的缩写字母。比如伽莫夫是ALA（丙氨酸），沃森是PRO（脯氨酸），克里克则是TYR（酪氨酸）。在俱乐部的专用信纸上印着德尔布吕克（Max Delbruck，获1969年诺贝尔生物与医学奖）为俱乐部制定的座右铭："干就拼命干，不然就别试。"俱乐部的负责人的"官衔"名称也都怪怪的，分别为：合成器——伽莫夫，乐天派——沃森，悲观者——克里克，档案员——易卡斯（Martinas Ycas）和掌玺大臣——瑞奇（Alex Rich）。

这个俱乐部里的不少人在学界是出了名的"不正经"。比如伽莫夫曾经纠集了几个人给一份著名的德国物理期刊写信，故意指称某人的文章是恶作剧，而其实他们才是真正的恶作剧者。幸好编辑并未上当，没有把这封信登出来。他的朋友们深知其为人，所以有时也会以其人之道还

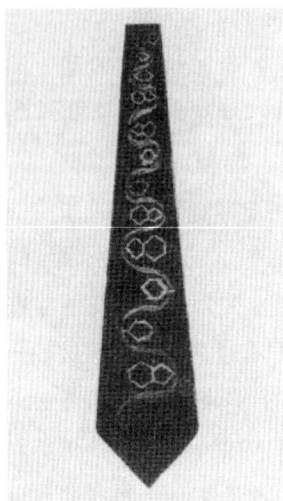

RNA 领带照片

治其人之身，拿他来寻开心。沃森就曾冒伽莫夫之名邀请了两百多人来参加一个酒会，最后还得让伽莫夫埋单。他们搞的这些恶作剧，真真假假、虚虚实实，让人很容易上当。1955 年，领带俱乐部的"掌玺大臣"瑞奇从美国来到英国剑桥大学与沃森和克里克合作，准备一举攻克RNA 的结构问题。这三人联手无疑是当时生物化学界的最强组合了，他们自己也认为解开 RNA 之谜非他们莫属。可没过几天，沃森就收到了伽莫夫的一封信，向他报告说爱荷华州立大学的化学家阮多斯（Rundles）已经将 RNA 的问题解决了，并询问沃森是否应吸收阮多斯为领带俱乐部的成员。阮多斯虽算不上什么成名人物，但毕竟曾在鲍林手下做过若干年 DNA 和 RNA 方面的研究工作，如今修成正果，也在情理之中。沃森等人本来还有点将信将疑，但紧接着瑞奇也接到了德尔布吕克的信，告诉他阮多斯的论文已刊登在最新一期的美国化学会志上。那年头可不像现在，一上网什么都能很快看到。美国化学会志通常需一个月后才能寄达英国。他们实在等不及了，由瑞奇给他在美国的一位搞化学的朋友拨了个越洋电话，想让他用电报把阮多斯的论文赶紧拍发过来。结果得到的回答竟是查无此文！他们这才醒悟过来，原来是上了伽莫夫和德尔布吕克的大当。

RNA 领带俱乐部听起来有点像是开玩笑，但其实非同小可，因为它的 20 个成员几乎个个都是精英，光是诺贝尔奖得主就有六名之多。他们又是一个跨领域的大杂烩，数学、物理、化学、生物、生物化学、物理化学、电子显微镜，不一而足。其中有顶尖的理论物理学家费曼和氢弹之父泰勒（Edward Teller），也有从理论物理转入基因研究并取得重大成就的德尔布吕克。俱乐部的主体当然还是分子生物学界的新星们，约占了 1/3。他们这伙人大多是各自领域中的"异类"，差不多每个人都有一串故事。其中很值得一提的是德尔布吕克。

德尔布吕克可以说是出身理论物理的"名门"。他最开始是打算学天文的，1925 年在柏林偶然听了一次海森堡关于量子力学的演讲，尽管听得似懂非懂，却使他的志向从天文变成了理论物理。次年他来到当时数学与理论物理的圣地——哥廷根大学，先后跟随维格纳（Eugene

Wigner，获 1963 年诺贝尔物理学奖）和玻恩（Max Born，获 1954 年诺贝尔物理学奖）研习量子理论，并于 1930 年获得博士学位。之后他得到一年的洛克菲勒奖学金，在哥本哈根和苏黎世分别跟随玻尔和泡利做研究。这两位物理大师都对他评价极好。最稀奇的是，泡利在物理学界是出了名的"毒舌"，却居然对德尔布吕克青眼有加。1932 年他又成为著名核物理学家迈特纳（Lise Meitner）的助手，并与哈恩（Otto Hahn，获 1944 年诺贝尔化学奖）进行过合作研究。说来奇怪，尽管德尔布吕克师从的全都是大师级的人物，而且所有的人都认为他极具潜力，可他在理论物理领域却一直没能一鸣惊人。

遇到来自苏联的基因科学家吉莫弗耶夫—芮索沃斯基（Nikolay Timofeev-Ressovsky），是德尔布吕克科学研究生涯的一个重要转折点。在皇帝威廉研究所工作期间，德尔布吕克一直想搞一个关于生物科学的非正式、跨领域的沙龙。正好吉莫弗耶夫－芮索沃斯基作为交换学者从莫斯科来到了柏林。他们两人一拍即合，很快就开始了合作。不久研究光生物学的齐默（Karl Zimmer）也加入了他们的行列。1935 年他们共同完成了一篇在基因研究史上很有名的论文《基因变异的性质与基因结构》，他们断言基因就是分子，并以此为基点论证了物理概念可以被用来解释基因结构。从此，德尔布吕克的研究兴趣开始从理论物理转移到了基因科学，并使他最终成为分子生物学的奠基人之一。

1931年，美国的洛克菲勒基金会就已经决定将他们资助的重点从物理学转向生物学。在玻尔的推动下，德尔布吕克从洛克菲勒基金会获得了一年的经费，到美国加州理工学院的果蝇研究中心去工作。这个中心是由被誉为现代遗传学之父的摩尔根（Thomas Morgan，获1933年诺贝尔生物与医学奖）一手建立的。德尔布吕克一到实验室，摩尔根就让助手给了他一摞有关果蝇研究的文章，让他看看在"苍蝇房"有没有什么研究工作可做。德尔布吕克却有他自己的想法，他觉得必须另辟蹊径，因为如果按部就班地追随摩尔根的果蝇研究，一年时间可能什么也做不成。一个偶然的机会，他听说有个叫埃利斯（Emory Ellis）的年轻人在利用细菌病毒进行基因研究。通过与埃利斯的交谈，德尔布吕克很快意识到这正是他一直在寻觅的研究方向：借助于一个极简单的生物体来研究基因——既不需要复杂的设备，也不需要很多的预备知识。

细菌与病毒的简单结构以及繁殖的高速度是其最大的优越性，在短时间里它们可以繁殖很多代，而且可以很容易地进行人工调控。这使利用统计的方法来分析其基因的变异成为可能，从而为基因研究提供了一条崭新的途径，并逐渐取代果蝇成基因研究的主角。1939年第一台实用电子显微镜诞生，为了解病毒的详细繁衍过程提供了强有力的新工具。从这一点说，德尔布吕克的运气还是很不错的，他恰好在适当的时间选择了一个适当的课题。1941年，德尔布吕克开始与卢里亚（Salvador Luria，获1969年诺贝尔生物与医学奖）合作研究细菌的基因变异是自发的还是由环境变化决定的，这同时也能澄清当时还悬而未决的一个问题——细菌到底有没有基因。通过观察细菌出现抗御噬菌病毒的能力的概率，他们以令人信服的数据，得出明确的结论：细菌不但有基因，而且它们的基因变异是自发的。这篇论文还展示了深入的思考与统计分析相结合的研究方法在细菌基因学上的重要性，并成为"其后所有有关细菌基因学的论文的标杆"。

德尔布吕克等人开创的把生物化学与结晶学相结合的研究方法，最终导致了对 DNA、RNA 以及它们在生命复制过程中的中心作用的完整的理解。自 1945 年起，连续几个夏天，德尔布吕克在著名的冷泉港实验室主持关于利用噬菌病毒进行基因研究的讨论班，介绍、交流和推广这种新方法，为分子生物学和生物化学培养和造就了一大批人才，其中包括后来发现 DNA 双螺旋结构的沃森。这几期讨论班也使德尔布吕克成了桃李满天下的一代宗师。

德尔布吕克做学问有一个原则："不做赶时髦的科学研究。"这也是俱乐部中大多数成员的共同特点。他们进行学术研究是为了探寻真理，而不是为了出人头地，更不是为了争经费以自肥。他们把做学问当成享受，因而通常能够抱持一种成功不必在我的平常心。从俱乐部成员之间的通信可以看出，他们相互之间的交流基本是不设防的。很多新的、不成熟的想法都会拿出来与其他人讨论，毫无为他人作嫁衣裳的顾忌。这样的心态在今天的学术界恐怕早已绝迹，而像 RNA 领带俱乐部这样的团体，在如今这个越来越功利的社会中大概也再难出现了。

解决孪生素数问题的一线曙光

　　数论在数学里可能算是最难却又"最没用"的领域，可它同时又具有相当崇高的地位。人们甚至把是否在数论中有过重要贡献作为衡量一位数学家是不是数学全才的标准。常说的三个半数学全才：高斯，庞卡莱，希尔伯特和冯·诺依曼，前三个都对数论研究有过巨大的贡献，唯独冯·诺依曼没有，所以只能算半个。数论另一个引人入胜的地方，是它所提出的不少问题非常简明、易懂，即使没研读过多少高深数学的人也能知其所云，因而业余爱好者颇多。比如著名的哥德巴赫猜想，说起来确实很简单：任何一个大于2的偶数，都可表示成两个素数之和（素数就是只能被它自己和1整除的自然数，例如：2，3，5，7）。又比如本文中要讲的孪生素数猜想：孪生素数是指两个相差为2的素数（例如3和5，17和19等素数对），古希腊数学家欧几里得猜测，存在无穷多的素数对。像这些问题，一般人都能明白，可要想证明却又千难万难。黎曼假说、哥德巴赫猜想及孪生素数猜想等素数问题，被同列为著名的希尔伯特第八问题——也是极少的几个未被解决的希尔伯特问题之一。

孪生素数猜想看似简单，谁都不难找出几对来，3和5，5和7，11和13，17和19，29和31……　如果继续往下找，就会发现这种素数对出现的频率越来越低，但也不会完全销声匿迹。近年来，人们利用大型计算机来寻找素数对，到目前为止，找到的最大素数对是$3756801695685 \times 2^{666669} \pm 1$。这对素数已经是十分巨大的天文数字了，而且随着计算机功能的不断加强，可以肯定今后还能发现更大的素数对。然而这都无助于证明孪生素数猜想，因为不管找到多少素数对，它们毕竟是有限多的，与存在无穷多的素数对有着本质的区别。

为了后面叙述的方便，我们先来说一个简单的数学名词——下确界。给定一个数集，比如说{1、2、3}，如果能找到一个数（可以是这组数中的一个，也可在其外）小于或等于这组数中所有的数，这个数就是这组数的一个下界。在我们的例子里，0和1都是下界。在所有的下界中如果有一个最大的下界，就称其为下确界。一个有界数集可以有无数个下界，但是下确界却只有一个。具体到{1、2、3}这个数集，1就是它的下确界。

两个相邻素数的差最小只能是2，所以2永远是两个相邻素数的差的下界，但不见得是最大的下界（下确界）。如果我们能够证明当素数趋于无穷大时，两个相邻素数的差的下确界是2，就相当于证明了孪生素数问题。因为这就等于是说永远可以找到要多大有多大并且差为2的素数对。几百年来，许许多多的数学家和业余数论爱好者花费了无数的心血想要证明孪生素数猜想，但没人能取得任何实质性的进展。于是数学家们退而求其次，将注意力集中到一个相对容易一点的问题：当素数趋于无穷大时，两个相邻素数的差的下确界是有限的还是无限的？研究这个问题不光是解决孪生素数问题的第一步，同时也有它自身的意义，可以告诉我们当素数趋于无穷大时，两个相邻素数的差是否会无限扩大，从而对了解素数的分布有所助益。然而即便是这个问题，多年来仍然让数论研究者们一筹莫展。直到2014年5月，一位名不见经传的华裔学者张益唐终于取得了决定性的突破。张益唐证明了当素数趋于无穷大时，两个相邻素数的差的下确界小于70000000，即永远可以找到要多大有多大并且差为2、4、6……70000000之一的素数对。这个结论看似离证明孪生素数问题还差得很远，不过我们必须认识到，在张益唐之前，人们甚至无法确知上面所说的下确界究竟是有限的还是无限的。他的结论之所以重要，就在于明确给出了该下确界的一个有限边界，从而在广义的角度上确认了孪生素数猜想是可以被证明的。他的工作的另一层意义在于，其使用的方法具有相当的弹性，意味着这个边界的数值很可能还可以大幅减小。张益唐在他的论文里就指出，他所得到的结果可能并非最优的，其中一个关键参数的设定也是比较粗略的，因而存在着改进的空间。张益唐的论文出现没几天，素有"数学神童"之称的菲尔兹奖获得者陶哲轩（他

9岁进入大学，10岁、11岁、12岁参加国际数学奥林匹克竞赛，分获铜牌、

张益唐

银牌、金牌，16岁获得学士学位，17岁获得硕士学位，21岁获得普林斯顿大学博士学位）就宣称他已将70000000降到了5000000。互联网上现在还有一个网站，专门登录最新的进展，我刚刚查过的最新纪录是60744（2013/6/16）。更有传言说戈德斯顿（Goldston）等人甚至可以把这个"魔术数字"降到16！当然这些都需要数学界进一步地推敲和证实。

张益唐的成果也并不是闭门造车、仅靠自己单打独斗得来的。戈德斯顿等人近年来在孪生素数方面的工作已经很接近于能够证明该下确界是有限的，但最终还是差了临门一脚。张益唐的突破可以说是在戈德斯顿等人奠定的基础上，完成了这临门一脚。据行家们讲，他使用的方法是经过改进的解析数论中的筛法，这是一种比较经典的方法，在当下的数学界属于不太时髦的东西。多年前陈景润在哥德巴赫猜想上取得的成果（证明了任何大偶数都可写成一个质数加不超过两个质数的乘积，即 1＋2）用的就是经过改良的筛法（陈氏定理）。很多搞数论的人都认为陈景润已经把筛法发挥得淋漓尽致，要想再往前走最终证明哥德巴赫猜想（1＋1），必须另辟蹊径，采用新的方法。35 年来，没人在哥德巴赫猜想上取得什么实质性的新进展，似乎印证了这一说法。有趣的是，筛法似乎总是能重新焕发青春。2004 年，陶哲轩在证明存在任意长的素数等差数列（格林—陶定理，这是他的成名作之一）时就用到了陈氏定理。这次张益唐在孪生素数方面的突破又借助了筛法。张益唐的方法究竟是会引领到彻底证明孪生素数猜想，抑或是像陈氏定理对哥德巴赫猜想那样，最终可望而不可即，大家都拭目以待。

　　说起张益唐，他的学术道路可以说是相当的艰辛，一路走来真是很不容易。1985 年初，他赴美国普度大学攻读博士学位，师从莫宗坚。他自己选了一个很大的论文题目——雅可比猜想。博士毕业前夕，他本以为已经证明了这个著名的猜想，然而最后关头却发现是错的。这对他此后在学术界的发展显然十分不利，以致在 1991 年获得博士学位后，有七八年的时间他甚至不得不在餐馆之类的地方打零工。即使在那样的环境里，他的数学研究却一直没撂下，而且还专攻像黎曼假说那样的顶尖难题。1998 年，在北大数学系的学弟葛力明的鼎力相助下，他才在美国新罕布什尔大学数学系当了讲师。美国大学里的讲师地位不高，工资比助理教授要低不少，好在每年四门课的教学量还不算太大，做研究的时间基本能得到保证。在美国，只要有点能力，找一份收入不错的工作并非难事。能够像张益唐这样甘愿清贫、潜心学问的人实属凤毛麟角。

身在数学圈之外的人也许会问，花费毕生精力来钻研孪生素数猜想这类问题究竟有什么实际意义？数学大师庞卡莱有一段名言可以作为回答："科学家研究自然界，不是因为它有用；他研究自然界是因为热爱它，而热爱它是由于它的美。如果自然界不美，就不值得去认识它，生命也就没有价值了。"其实，在人类文明发展的漫长岁月里，数学家们就像一群不知疲倦的工匠，不断"制造"出各种各样的数学"工具"。这些"工具"有的时候是为其他科学领域"量身定制"的，因而具有直接的可应用性。但在大多数时候，这些存放于数学殿堂中的"工具"则是数学家们自得其乐闭门造车的成果。不过有些在当时看似没用的"工具"，几十年甚至几百年后却会大放异彩，成为科学上重大突破的关键一环。一个最为人们津津乐道的例子，就是非欧几何学为爱因斯坦广义相对论所奠定的基础。至于孪生素数猜想等与素数分布有关的数论问题，如今已经具有了很重要的潜在应用价值。由于互联网的安全几乎完全取决于加密技术，而在公钥加密和电子商业中被广泛使用的 RSA 加密算法所依仗的，正是对极大整数做因数分解（即将该整数写成多个素数的乘积）的困难程度，这与素数的分布有着紧密的关联。

张益唐的研究成果为解决孪生素数问题带来了一线曙光。他开启了一扇门，至于这扇门之后的路还有多长，现在无法知晓。也许只剩一步之遥，也可能十分曲折、漫长，甚至此路不通。

从托洛茨基到哥德尔

有一次在图书馆里胡乱翻书，偶然看到一本名为《从托洛茨基到哥德尔》（作者：Anita Burdman Feferman）的书，觉得实在不可思议。经历过文化大革命的人对托洛茨基一定都不陌生。托派分子与叛徒、特务、反革命一样，是穷凶极恶的阶级敌人。电影《列宁在1918》里卫队长的那句著名台词"托洛茨基、布哈林是叛徒"更是深深印在我们这一代人的脑海里，这辈子大概都不会忘掉。直至来到美国之后，才开始对托洛茨基有了一点儿实事求是的了解。其实托洛茨基对俄国十月革命的贡献恐怕比斯大林还大，就连斯大林自己都写道："起义的一切实际组织工作是在彼得格勒苏维埃主席托洛茨基同志直接指挥之下完成的。"而且托洛茨基的不断革命论（即在资本主义不发达的国家，可以将资产阶级民主革命和社会主义革命一起完成）似乎还被中国革命的实践所证实。

哥德尔（Kurt Godel, 1906—1978）则是极负盛名的数理逻辑大师，被誉为继亚里士多德之后最伟大的逻辑学家。他的两个关于公理系统的不完备性定理（发表于1931年3月）解

托洛茨基（左）和海恩诺特

决了著名的希尔伯特第二问题，不仅对逻辑学，而且对整个数学都具有极为重大的意义和深远的影响。

托洛茨基和哥德尔似乎无论如何也扯不上边儿，很难想象他们之间能有什么交集。然而还真有这么一个人与托洛茨基和哥德尔都密切相关。他就是让·万·海恩诺特（Jeaň van Heijenoort，1912—1986）。

海恩诺特1912年7月23日出生于法国克里尔的一个工人家庭。他天资聪颖，在学校里功课一直名列前茅。但由于两岁时就失去了父亲，这让他的童年不幸且压抑，使他从小就性格孤僻。他15岁时在学校里加入了激进的共产主义青年组织，开始接触到托洛茨基主义，从此成为托洛茨基的忠实追随者。不过投身革命运动似乎并未影响他对知识的渴求，他选课的范围十分广泛，包括数学、哲学、物理、化学、拉丁语、希腊语、德语以及法国文学，等等，17 岁时又开始自学俄语。1930 年，海恩诺特获得奖学金进入著名的巴黎圣路易公学学习数学。然而他对死板的法国教育体制非常反感，并由此走向对当时整个资本主义社会的彻底叛逆，套用今天的话说就是成为了一个"愤青"。1932 年，托洛茨基需要一位精通法语和俄语的助手，海恩诺特于是中断学业来到托洛茨基身边。

从 1932 年至 1939 年，海恩诺特一直是托洛茨基的私人秘书、翻译、随从和保镖，在这七年间他与托洛茨基差不多是形影不离，几乎可以算得上托洛茨基家的一分子。他是跟随托洛茨基时间最久的秘书，因而对托洛茨基的生活、想法、情感、工作习惯等等都有第一手的深入了解，这使他多年后成为最具权威的托洛茨基的研究者之一。

海恩诺特一辈子最大的一块心病就是托洛茨基的遇刺身亡。1939 年底，他离开托洛茨基赴纽约去追求"新的爱情"，在那里以教法语糊口。几个月后他从纽约时报上得知 1940 年 8 月 20 日托洛茨基在墨西哥城遇刺身亡，这使他十分内疚，一直无法释怀。因为他认为如果当时他在场，以他的语言天分，可以轻易辨别出刺客的身份，应该能够救托洛茨基一命。

托洛茨基的死使托派受到了致命的打击，但也激发起海恩诺特的革命热情。他 1940 至 1945 年任第四国际的国际秘书处（第四国际的领导机构）书记，并在同一时期为托派刊物写了大量的文章。然而自 1947 年始，海恩诺特对马克思主义越来越持怀疑态度，这无可挽回地导致了他与托洛茨基运动乃至整个国际共产主义运动分道扬镳。1948年，为了纪念《共产党宣言》出版一百周年，他以假名 Jean Vannier 发表了那篇著名的文章《一百年一笔账》(*A Century's Balance Sheet*)。他在文章中写道：现代的无产阶级已不同于 1848 年的无产阶级，一百年的前仆后继证明了无产阶级能干什么，也证明了他们不能干什么。这是他最后一次发表政见，整篇文章都透着这位曾经是最坚定的无产阶级战士的失望、伤心和反省。这大概也可以看作他脱离激进的革命运动的声明。

尽管经历了多年动荡不安的生活，海恩诺特其实一直没有丧失对数学的兴趣。在置身于革命运动之外以后，他决定重归学术，从头开始。就用真名到纽约大学的库朗数学研究所（美国数学研究的重镇之一）注册为学生，师从于当时的所长斯托克（James Stoker），并于 1949 年获博士学位。

海恩诺特进入数理逻辑领域纯属偶然。1957 年，符号逻辑学会在康奈尔大学开办了一个为期四周的夏季研讨班，这是逻辑学史上绝无仅有的盛会，聚集几乎所有的逻辑学家。那时海恩诺特的兴趣还不在逻辑学，但却鬼使神差地去康奈尔参加了这个研讨班。在那里他碰到了数学家、哲学家克雷泽尔（Georg Kreisel）。克雷泽尔在哲学界和数学界都算是响当当的人物，当他还在剑桥大学当研究生时就被 20 世纪最有影响力的哲学家之一维特根斯坦誉为他所遇见过的"兼为数学家的最具能力的哲学家"。克雷泽尔建议海恩诺特关注数理逻辑。在克雷泽尔的指引下，海恩诺特在模型论和证明论等领域都做过原创性的工作。他回忆说克雷泽尔对他一生的重要性仅次于托洛茨基。到晚年，海恩诺特的兴趣开始转向逻辑学史和哲学。他最出名的工作是编辑了《从弗雷格到哥德尔：数理逻辑原始文献》（*From Frege To Godel: A Source Book in Mathematical Logic*）。这本文集囊括了自弗雷格和罗素始，到哥德尔止的所有重要的逻辑学论文。他的另一件重要工作是和费佛曼、帕森斯等人一起编辑了哥德尔文集。海恩诺特还曾专门研究过恩格斯和马克思两人的数学观点。

尽管跻身于逻辑学界的成名人物之列，海恩诺特对托洛茨基始终没有忘怀。他晚年以真名编辑出版了托洛茨基通信集，还在 1978 年出版了回忆录《和托洛茨基一起流放》——这本书成为托派历史研究中最重要的文献之一。

除了干革命和做学问，海恩诺特一生中也欠了许多风流债，他有过四位妻子和十余位情人，最终被第四任妻子所杀！可谓"牡丹花下死，做鬼也风流"了。

后 记

在牛顿的时代，数学和物理几乎是不分家的，与自然科学相关的领域掰着手指头大概就数得过来。而如今，学科越分越细，再加上各种跨学科，真是数不胜数。隔行如隔山，一般人对其专业之外的学科的掌握通常是比较有限的。然而，对本专业之外的学科的了解又往往有助于发现新的突破口，正所谓他山之石可以攻玉。再者，民众对科学知识的普遍了解，从大的方面讲，不仅是一个国家文明程度的标志，也是一个国家可以持续发展的基础之一；从小的方面讲，起码可以增加见识，多一些茶余饭后比较有意义的谈资。这些都说明科学普及是一项很有意义的工作。美国在这方面做得还是比较到位的，每年都会出版各种各样的科普读物，涵盖范围很广，对象不仅是少年儿童，也包括成年人。尤其值得一提的是，他们的科普作家队伍里面有相当一部分是仍然工作在第一线的科学家，这使得不少最新的科学成果能够很快且准确地介绍给公众。我在美国学习、工作了三十多年，对此有切身的体会。长久以来，自己一直希望能为国内的科普事业尽一点绵薄之力，直到最近五六年才打起精神开始写些东西。我希望达到的目标是不但让没有理工科背景的读者对所涉及的科学问题能有些感性的认识，而且尽可能地讲一讲每个问题的来龙去脉——多多少少了解一点其所以然，特别是其最新动向。至于是否做到了，当然得由读者来评判。

书中《三汤对话》这篇文章非我一人之功，是父亲汤一介、儿子 Brady 和我一起完成的。本来还想一直写下去，也酝酿了几个挺好玩的题目，比如"人类发明了数学还是发现了数学？"、"真空与空、无"等等，可惜父亲在 2014 年过世，对话无法继续，只好画上永久的句号了。书名定为《三汤对话》也算是对父亲的一个纪念吧。

在此我还要特别感谢卫纯编辑，没有他的积极推动和精心策划，这本小书是不会存在的。

2015 年 6 月